Anne Thiemeyer

Das kleine Häkelbuch

Ravensburger Ratgeber
im Urania Verlag

Inhalt

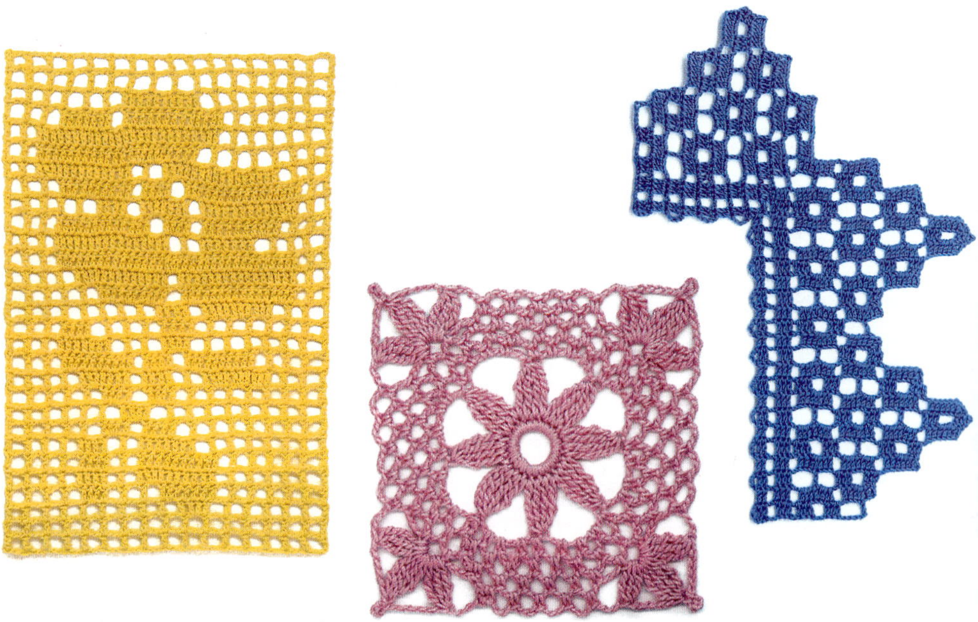

Vorwort

Häkeln zählt zu den bekanntesten und beliebtesten Handarbeitstechniken. Sicherlich haben Sie sich in der Schule die Grundlagen des Häkelns, wie Luftmaschen, feste Maschen und Stäbchen, angeeignet, aber vielleicht haben Sie vieles auch wieder verlernt. Machen Sie einen Auffrischungskurs und entdecken Sie die Vielseitigkeit dieser traditionellen Handarbeit, die gerade jetzt wieder zu neuen Ehren kommt – junge Mädchen tragen Häkelpullover im 70er-Jahre-Stil, aus groben Garnen gehäkelte Heimtextilien liegen voll im Trend, mit Effektgarnen umhäkelte Vasen und Flaschen werden zu aparten Deko-Objekten.

Die Kunst des Häkelns besteht darin, die Grundmaschenarten immer wieder anders anzuordnen und so reizvolle und ausgefallene Ergebnisse zu schaffen. »Das kleine Häkelbuch« zeigt eine große Auswahl an interessanten Mustervariationen, angefangen bei ganz einfachen Häkelmustern über Spitzen-, Noppen- und Reliefstäbchenmuster bis hin zu mehrfarbigen Häkelarbeiten.

Der Filethäkelei und der Tunesischen Häkelei ist jeweils ein ausführlicher Lehrgang gewidmet, denn gerade diese Techniken sind sehr beliebt und bieten eine Fülle von Möglichkeiten. Alle abgebildeten Muster, Spitzen und Motive sind anhand von anschaulichen Anleitungen und Häkelschriften leicht nachzuarbeiten.

Häkeln macht Spaß – ich jedenfalls habe beim Erstellen des Buches wieder richtig Lust bekommen, Pullover zu häkeln und dabei verschiedene Muster zu kombinieren. Lassen Sie sich anstecken von meiner Begeisterung für das Häkeln und haben Sie viel Spaß beim Nacharbeiten der vorgestellten Beispiele!

Ihre Anne Thiemeyer

Allgemeine Hinweise

GRUNDLAGEN

Garne

Die Wahl des Garns hängt ganz vom Verwendungszweck ab. Für Gardinen, Tischdecken oder Deckchen eignen sich fest gedrehte, merzerisierte Baumwollgarne, die es in unterschiedlichen Stärken im Fachhandel gibt. Für Kissen, Tagesdecken und Bekleidung können sowohl Baumwollgarne als auch Wolle und Mischqualitäten in verschiedenen Stärken verwendet werden.

Die in diesem Buch veröffentlichten Häkelmuster sind nach Themen gegliedert; welches Garn für die einzelnen Themengruppen verwendet wurde, ist jeweils angegeben. Grundsätzlich können Sie jedoch alle Muster ganz nach Belieben auch aus anderen Garnen häkeln und dickere oder dünnere Materialien wählen.

Häkelnadeln

Bei Häkelnadeln wird zwischen Garnhäkelnadeln und Wollhäkelnadeln unterschieden. Garnhäkelnadeln aus Stahl gibt es in unterschiedlichen Ausführungen in den Stärken 0,6 mm, 0,75 mm, 1,0 mm, 1,25 mm, 1,5 mm und 1,75 mm. Diese Nadeln werden für feine Spitzenarbeiten verwendet.

Wollhäkelnadeln sind aus Aluminium mit Kunststoffgriff in den Stärken 2,0 mm, 2,5 mm, 3,0 mm, 3,5 mm, 4,0 mm, 4,5 mm, 5,0 mm und 6,0 mm erhältlich oder mit Führungsfläche in den gleichen Stärken, außerdem in der Stärke 7,0 mm. Für besonders dicke Garne eignen sich Wollhäkelnadeln aus Kunststoff in den Stärken 6,0 mm, 7,0 mm, 8,0 mm, 9,0 mm, 10,0 mm, 12,0 mm und 15,0 mm. Die extra langen Tunesischen Wollhäkelnadeln werden in den Stärken 2,0 mm, 2,5 mm, 3,0 mm, 4,0 mm, 4,5 mm und 5,0 mm angeboten.

Wichtig ist, dass die Häkelnadel auf das Garn abgestimmt ist. Probieren Sie aus, welche Nadelstärke Sie verwenden möchten. Richten Sie sich nach den Empfehlungen des Garnherstellers und häkeln Sie zunächst eine Maschenprobe. Wenn Ihnen die Häkelei zu locker erscheint, dann wählen Sie eine dünnere Häkelnadel. Wird die Häkelarbeit zu fest, ist eine dickere Nadelstärke vorzuziehen.

Maschenprobe

Bevor Sie ein Modell anfertigen, sollten Sie stets eine Maschenprobe mit dem gewählten Garn erstellen. Die Maschenprobe sollte so groß sein, dass Sie einen 10 cm langen und 10 cm breiten Ausschnitt auszählen können. Spannen Sie die Maschenprobe vor dem Ausmessen leicht und feuchten Sie sie an. Nach dem Trocknen des Garns werden die Maschen und Reihen ausgezählt, dabei die Randmaschen auslassen.

Entsprechend Ihrer Maschenprobe können Sie berechnen, wie viele Maschen Sie für ein größeres Stück anschlagen müssen. Bei Ihrer Maschenprobe entsprechen z. B. 15 Maschen 10 cm. Wenn Sie ein 40 x 40 cm großes Kissen häkeln möchten, berechnen Sie den Luftmaschenanschlag wie folgt: 15 : 10 (= Maschenanzahl pro cm) x 40. Sie müssten also für Ihre Kissenplatte 60 Luftmaschen anschlagen.

Damit das ausgesuchte Muster aufgeht, d. h. die Kissenplatte auf beiden Seiten einen schönen Abschlussrand bekommt, sollten Sie beim jeweiligen Muster die Angaben unter dem Begriff Lm.-Anschlag (Luftmaschenanschlag) beachten. Wenn Sie sich z. B. für das Reliefstäbchenmuster 24 entscheiden (siehe S. 25), muss der Luftmaschenanschlag durch 6 teilbar sein, zuzüglich 3 Luftmaschen extra. Dementsprechend schlagen Sie für Ihr Kissen 63 Luftmaschen an. Jetzt können Sie problemlos nach der Häkelschrift arbeiten. Kontrollieren Sie trotzdem zwischendurch immer wieder die Größe. Sie erhalten nur dann das gewünschte Maß, wenn Sie die ermittelte Maschenprobe auch bei einem größeren Häkelteil einhalten.

Handhaltung

Die Häkelnadel kann wie ein Bleistift (Abb. 1) oder wie eine Stricknadel (Abb. 2) gehalten werden. Daumen und Mittelfinger der linken Hand halten die Arbeit, der linke Zeigefinger führt den vom Knäuel kommenden Faden und reguliert die Fadenspannung.

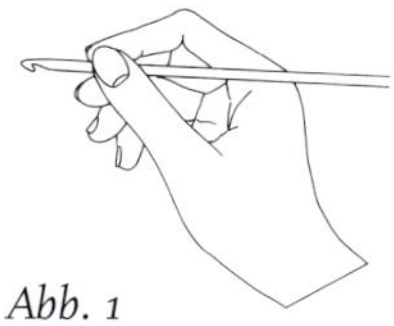

Abb. 1

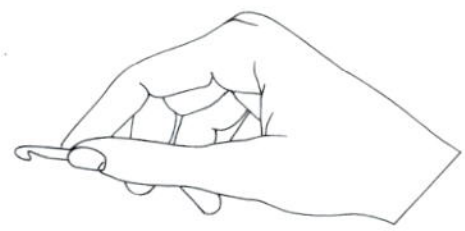

Abb. 2

GRUNDMASCHENARTEN

Anfangsschlinge, Abb. 3 + 4

Viele Häkelarbeiten beginnen mit einer Luftmaschenkette, für die zunächst eine Anfangsschlinge gebildet wird. Den Fadenanfang zu einer Schlinge legen. Den vom Knäuel kommenden Faden mit der Häkelnadel durch die Schlinge ziehen. Die Fadenenden anziehen, bis die Schlinge locker auf der Nadel liegt.

Abb. 3

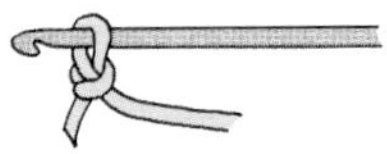

Abb. 4

Luftmasche, Abb. 5 + 6

1 Umschlag auf die Häkelnadel nehmen und durch die auf der Nadel liegende Schlinge ziehen.

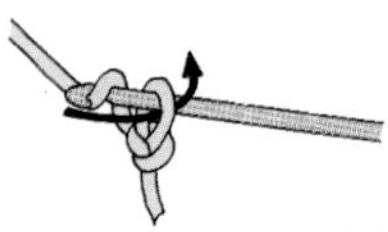

Abb. 5

Abb. 6

Kettmasche, Abb. 7 + 8

In eine Masche einstechen, 1 Umschlag auf die Häkelnadel nehmen und in einem Zug durch die Masche und die auf der Nadel liegende Schlinge ziehen.

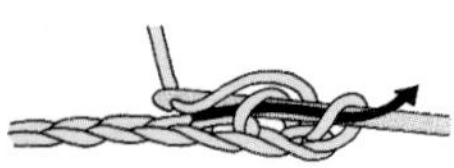

Abb. 7

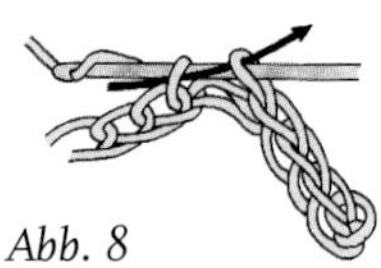

Abb. 8

Feste Masche, Abb. 9–11

In eine Masche einstechen, 1 Umschlag auf die Häkelnadel nehmen und durch die Masche ziehen. Dann 1 Umschlag aufnehmen und in einem Zug durch beide auf der Nadel liegenden Schlingen ziehen.

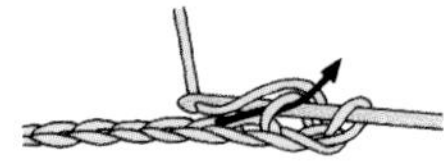

Abb. 9

Abb. 10

Abb. 11

Halbes Stäbchen, Abb. 12–14

1 Umschlag auf die Häkelnadel nehmen, in eine Masche einstechen und eine Schlinge durchholen. Dann 1 Umschlag aufnehmen und durch alle 3 auf der Nadel liegenden Schlingen ziehen.

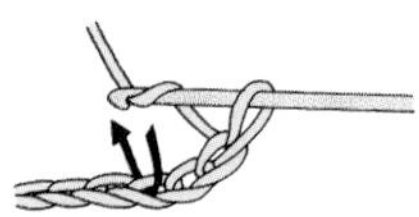

Abb. 12

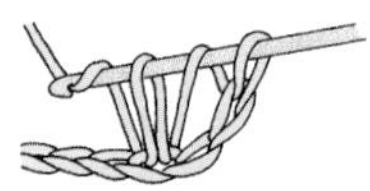

Abb. 13

Abb. 14

Stäbchen, Abb. 15–18

1 Umschlag auf die Häkelnadel nehmen, in eine Masche einstechen und eine Schlinge durchholen. 1 Umschlag aufnehmen und durch 2 auf der Nadel liegende Schlingen ziehen. Dieser Vorgang wird als Abmaschen bezeichnet. Dann wiederum 1 Umschlag aufnehmen und die letzten beiden Schlingen abmaschen.

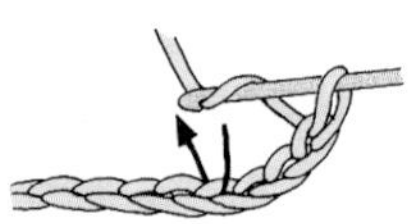

Abb. 15

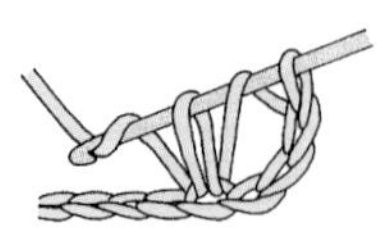

Abb. 16

Abb. 17

Abb. 18

Doppelstäbchen, Abb. 19–23

2 Umschläge auf die Häkelnadel nehmen, in eine Masche einstechen und eine Schlinge durchholen. 1 Umschlag aufnehmen und 2 Schlingen abmaschen. Noch 2-mal mit je 1 Umschlag 2 Schlingen abmaschen.

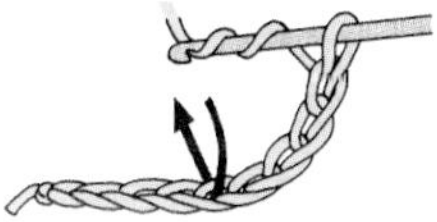

Abb. 19

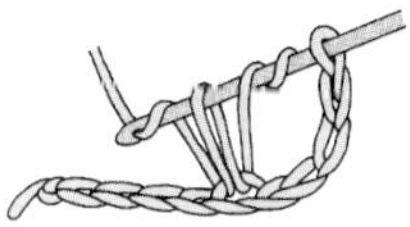

Abb. 20

Abb. 21

Abb. 22

Abb. 23

Dreifaches Stäbchen

3 Umschläge auf die Häkelnadel nehmen, in eine Masche einstechen und eine Schlinge durchholen. Dann 4-mal mit je 1 Umschlag 2 Schlingen abmaschen.

Vierfaches Stäbchen

4 Umschläge auf die Häkelnadel nehmen, in eine Masche einstechen und eine Schlinge durchholen. Dann 5-mal mit je 1 Umschlag 2 Schlingen abmaschen.

Reliefstäbchen

Die reliefartige Struktur des Musters erfolgt aus dem Einstechen der Häkelnadel um eine Masche der letzten oder vorletzten Reihe. Reliefstäbchen können von vorn oder von hinten gehäkelt werden.

Reliefstäbchen von vorn, Abb. 24–26

1 Umschlag auf die Häkelnadel nehmen und die Nadel von vorn und von rechts nach links um die in der Anleitung angegebene Masche führen. Dann wie beim normalen Stäbchen weiterhäkeln.

Abb. 24

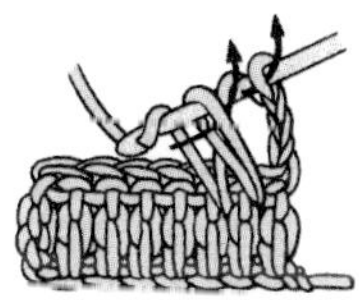

Abb. 25

Abb. 26

Reliefstäbchen von hinten, Abb. 27 + 28

1 Umschlag auf die Häkelnadel nehmen und die Nadel von hinten und von rechts nach links um die in der Anleitung angegebene Masche führen. Dann wie beim normalen Stäbchen weiterhäkeln.

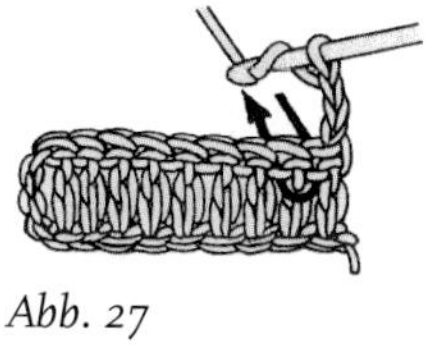

Abb. 27

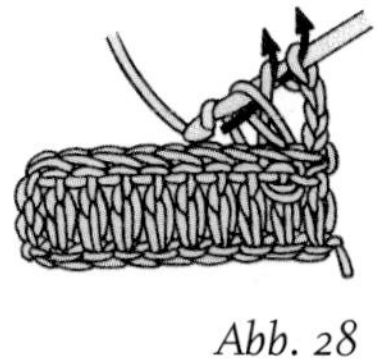

Abb. 28

Stäbchen verkreuzen, Abb. 29–32
Das 1. (hinten liegende) Stäbchen in die angegebene Einstichstelle arbeiten, danach das 2. (vorne liegende) Stäbchen vor dem 1. Stäbchen in die zuvor übergangene Einstichstelle häkeln.

Abb. 29

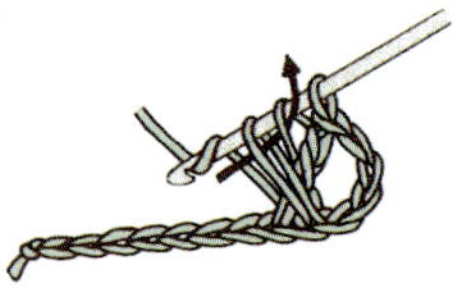

Abb. 30

Abb. 31

Abb. 32

WEITERE TECHNIKEN

Farbwechsel, Abb. 33–35
Beim Farbwechsel wird die letzte Masche einer Farbe mit der zweiten Farbe abgemascht; die Abbildungen zeigen den Farbwechsel bei einem Stäbchenmuster. Beim letzten Stäbchen der ersten Farbe nur 1-mal 2 Schlingen abmaschen, dann mit der zweiten Farbe einen Umschlag auf die Nadel nehmen. Nun die letzten beiden Schlingen des Stäbchens abmaschen. Die folgenden Stäbchen in der zweiten Farbe häkeln, dabei den Faden der ersten Farbe überhäkeln.

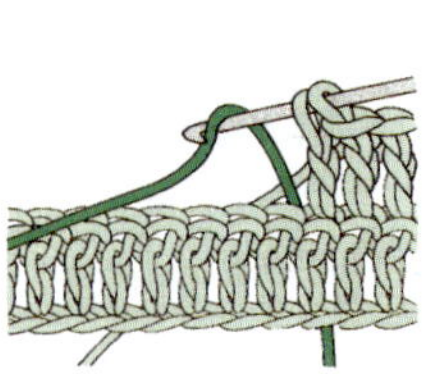

Abb. 33

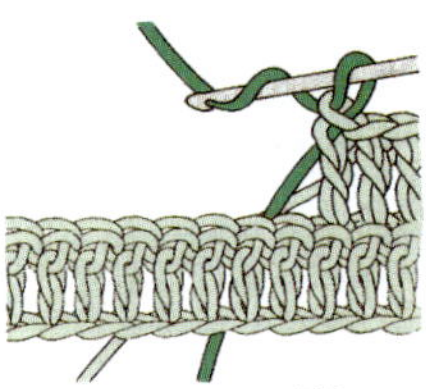

Abb. 34

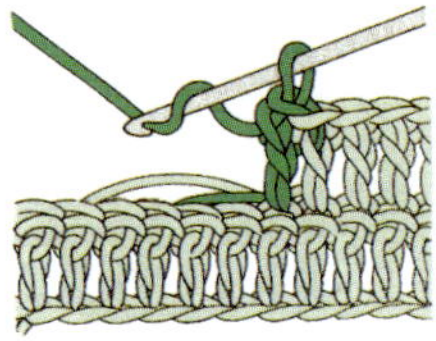

Abb. 35

Zusammen abmaschen
Hierbei werden Maschen an ihrem »Kopf« zusammengefasst. Diese Technik wird angewendet, um Maschen abzunehmen oder um Mustereffekte zu erzielen.

2 feste Maschen zusammen abmaschen, Abb. 36–38
Die Häkelnadel in eine Masche der vorangegangenen Reihe einstechen, 1 Umschlag auf die Nadel nehmen und durchholen. Diesen Vorgang wiederholen, sodass 3 Schlingen auf der Nadel liegen. Dann 1 Umschlag aufnehmen und durch alle 3 Schlingen ziehen.

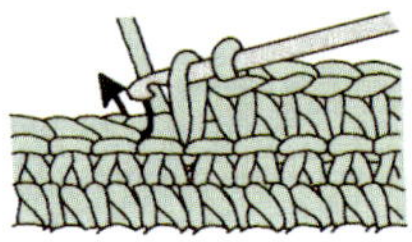

Abb. 36

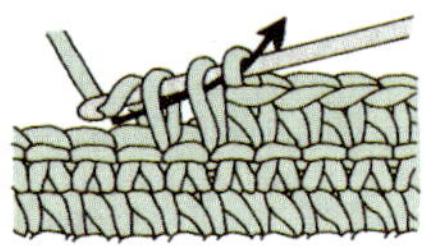

Abb. 37

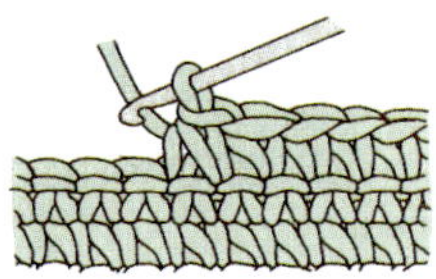

Abb. 38

3 feste Maschen zusammen abmaschen, Abb. 39 + 40
Die Häkelnadel in eine Masche der vorangegangenen Reihe einstechen, 1 Umschlag auf die Nadel nehmen und durch die Masche ziehen. Diesen Vorgang 2-mal wiederholen, sodass 4 Schlingen auf der Nadel liegen.

Danach 1 Umschlag aufnehmen und durch alle 4 Schlingen ziehen.

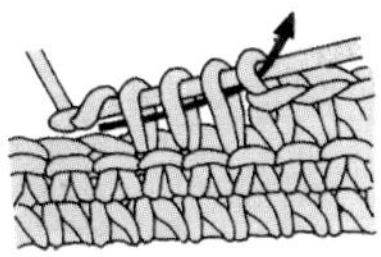

Abb. 39

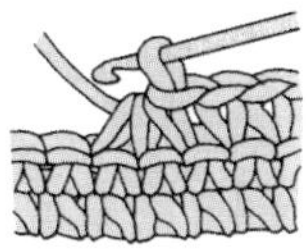

Abb. 40

3 Stäbchen zusammen abmaschen, Abb. 41–44

Bei jedem Stäbchen nur 1-mal 2 Schlingen abmaschen, d. h. der letzte Abmaschvorgang, der das Stäbchen beenden würde, entfällt. Nach dem 3. Stäbchen liegen 4 Schlingen auf der Häkelnadel. Nun 1 Umschlag auf die Nadel nehmen und durch alle Schlingen ziehen.

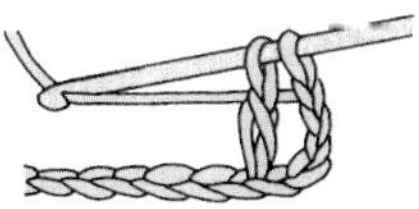

Abb. 41

Abb. 42

Abb. 43

Abb. 44

Mehrfach-Stäbchen zusammen abmaschen

Bei Doppelstäbchen werden zunächst nur 2-mal 2 Schlingen abgemascht, bei dreifachen Stäbchen 3-mal 2 Schlingen, bei vierfachen Stäbchen 4-mal 2 Schlingen usw.

Häkeln in Hin- und Rückreihen

Hierfür werden zunächst Luftmaschen angeschlagen. Die Maschen der 1. Reihe werden in die aus 3 Fäden bestehende Luftmaschenkette gehäkelt. Dabei kann die Häkelnadel unter 1 Faden oder unter 2 Fäden eingestochen werden; probieren Sie aus, welche Methode Ihnen lieber ist.

Am Anfang der 1. Reihe muss die 1. Masche entsprechend ihrer Höhe durch eine oder mehrere Luftmaschen ersetzt werden, dafür wird die entsprechende Anzahl an Luftmaschen übergangen. In den Anleitungen für die Häkelmuster wird jeweils erwähnt, in die wievielte Luftmasche ab Häkelnadel die 1. Masche gearbeitet wird; die auf der Nadel liegende Schlinge wird nicht mitgezählt (Abb. 45).

Am Ende der Reihe wird die Arbeit gewendet und die neue Reihe über der vorhergehenden gearbeitet. Zunächst müssen Wende-Luftmaschen gehäkelt werden, um die Häkelnadel auf die Höhe der nächsten Reihe zu bringen. In den meisten Fällen ersetzen diese Wende-Luftmaschen die 1. Masche der neuen Reihe; sie werden dann auch als Ersatz-Luftmaschen bezeichnet. Üblicherweise werden eine feste Masche und ein halbes Stäbchen durch 2 Luftmaschen, ein Stäbchen durch 3 Luftmaschen, ein Doppelstäbchen durch 4 Luftmaschen, ein dreifaches Stäbchen durch 5 Luftmaschen ersetzt usw. Wenn Ersatz-Luftmaschen gehäkelt werden, wird die 1. Masche der vorangegangenen Reihe übergangen (Abb. 46). Am Reihenende wird die letzte Masche in die obere Wende-Luftmasche gearbeitet (Abb. 47 + 48).

Meist wird beim Häkeln das ganze Abmaschglied der vorangegangenen Reihe oder Runde erfasst. Um besondere Effekte zu erzielen, kann aber auch nur das rückwärtige Abmaschglied (Abb. 49) oder das vordere Abmaschglied (Abb. 50) erfasst werden.

Abb. 45

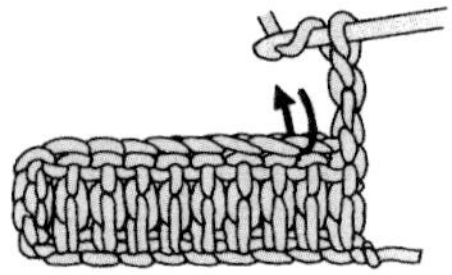
Abb. 46

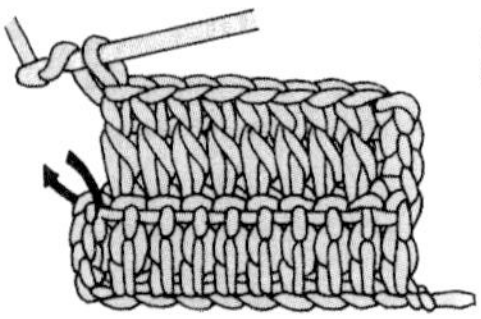
Abb. 47

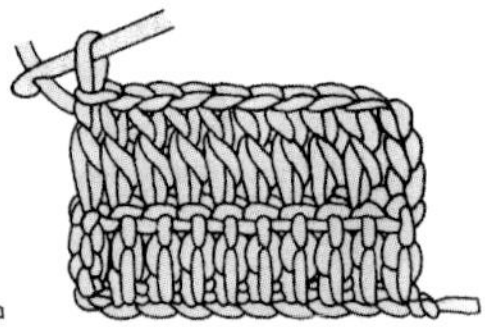
Abb. 48

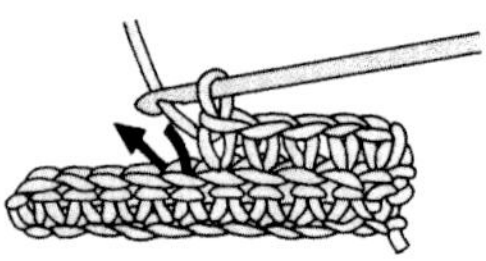
Abb. 49

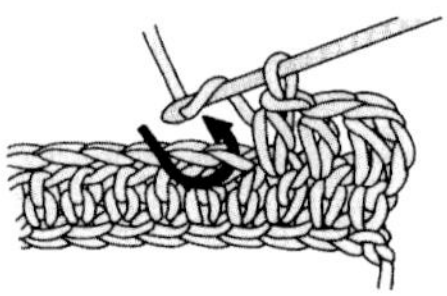
Abb. 50

Häkeln in Runden
Bei Arbeiten, die in Runden gehäkelt werden sollen, wird entweder mit einem Fadenring oder mit einem Luftmaschenring begonnen. Am Anfang jeder Runde wird die 1. Masche durch Luftmaschen ersetzt (siehe auch S. 9), am Ende der Runde wird zum Schließen eine Kettmasche in die obere Ersatz-Luftmasche gearbeitet.

Fadenring, Abb. 51–55
Zunächst einen Fadenring bilden. Dann mit der Häkelnadel 1 Umschlag aufnehmen und durch den Ring ziehen. Die 1. Runde in den Fadenring arbeiten. Nach der letzten Masche wird der Ring mit dem losen Fadenende zusammengezogen.

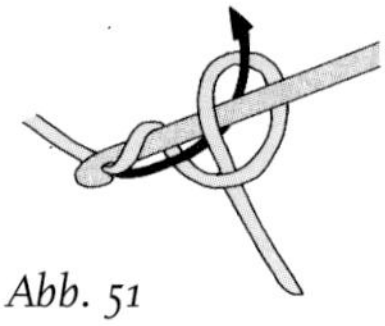
Abb. 51

Abb. 52

Abb. 53

Abb. 54

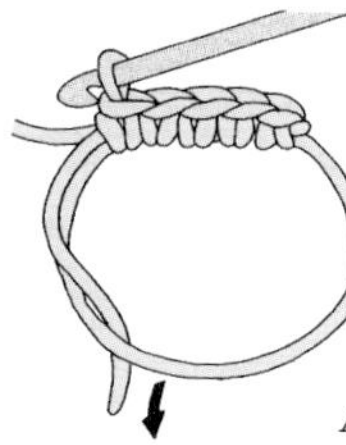
Abb. 55

Luftmaschenring, Abb. 56–58
Mit den in der Häkelschrift eingezeichneten Luftmaschen beginnen und zum Schließen des Rings eine Kettmasche in die Anfangsluftmasche häkeln. Die Maschen der 1. Runde werden um diesen Luftmaschenring gearbeitet.

Abb. 56

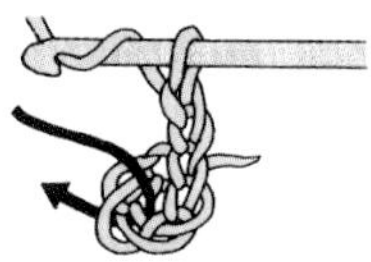
Abb. 57

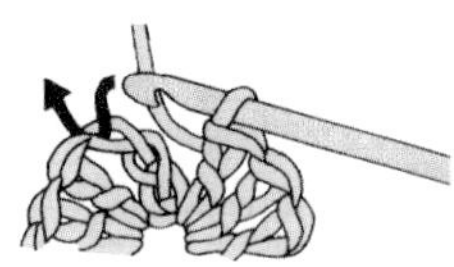
Abb. 58

HÄKELSCHRIFT

Die meisten Häkelmuster in diesem Buch sind in einer Häkelschrift dargestellt, bei der für jede Masche ein bestimmtes Zeichen verwendet wird. Diese Zeichen ähneln den Maschenbildern und erleichtern dadurch die Arbeitsweise.

Bei Stäbchen gibt die Anzahl der Querstriche die Anzahl der Umschläge an, die zu Beginn auf die Nadel genommen werden. Bei einem Stäbchen ist es 1 Umschlag, bei einem Doppelstäbchen sind es 2, bei einem dreifachen Stäbchen 3 Umschläge usw.

Laufen die Zeichen unten zu einer Spitze zusammen, werden die entsprechenden Maschen in dieselbe Einstichstelle gearbeitet. Wenn die Zeichen oben zu einer Spitze zusammenlaufen, so werden die entsprechenden Maschen zusammen abgemascht. Alle über Luftmaschenbogen gezeichneten Häkelmaschen werden, wenn nicht anders erwähnt, um die Luftmaschen der vorangegangenen Reihe oder Runde gearbeitet.

ZEICHENERKLÄRUNG

= Luftmasche

9 = Luftmaschenbogen (die Zahl gibt die Anzahl der Luftmaschen an)

= Kettmasche

= Picot laut Anleitung

= Noppe laut Anleitung

= feste Masche

= 2 feste Maschen in dieselbe Einstichstelle

= 2 feste Maschen in dieselbe Einstichstelle, getrennt durch 3 Luftmaschen

= 3 feste Maschen in dieselbe Einstichstelle

= 2 feste Maschen zusammen abmaschen, d. h. für jede feste Masche eine Schlinge durchholen, dann alle 3 auf der Nadel liegenden Schlingen mit 1 Umschlag abmaschen (siehe S. 8)

= halbes Stäbchen

= Stäbchen

= Stäbchen mit Fußschlinge (siehe »Zunahmen von gefüllten Karos«, S. 41)

= 2 Stäbchen in dieselbe Einstichstelle

= 2 Stäbchen in dieselbe Einstichstelle, getrennt durch 1 Luftmasche, 2 Luftmaschen, 5 Luftmaschen

= 3 Stäbchen, 4 Stäbchen, 5 Stäbchen, 7 Stäbchen in dieselbe Einstichstelle

= von jedem Stäbchen nur 1-mal 2 Schlingen abmaschen, dann mit je 1 Umschlag zuerst nur 1 Schlinge, dann 2-mal (5-mal) 2 Schlingen, zuletzt die restlichen 3 Schlingen zusammen abmaschen

= 2 Stäbchen zusammen abmaschen, d. h. von jedem Stäbchen nur 1-mal 2 Schlingen abmaschen, dann mit 1 Umschlag alle 3 auf der Nadel liegenden Schlingen zusammen abmaschen

 = 3 (4) Stäbchen zusammen abmaschen, d. h. von jedem Stäbchen jeweils nur 1-mal 2 Schlingen abmaschen, dann mit 1 Umschlag alle 4 (5) auf der Nadel liegenden Schlingen zusammen abmaschen (siehe auch S. 9)

 = 7 Stäbchen zusammen abmaschen, d. h. von jedem Stäbchen jeweils nur 1-mal 2 Schlingen abmaschen, dann mit 1 Umschlag alle 8 auf der Nadel liegenden Schlingen zusammen abmaschen

 = 2 Stäbchen verkreuzen, d. h. zuerst das hinten liegende (dünn gezeichnete) Stäbchen in die entsprechende Einstichstelle arbeiten, dann das vorn liegende (dick gezeichnete) Stäbchen vor dem 1. Stäbchen in die zuvor übergangene Masche bzw. Einstichstelle arbeiten (siehe auch S. 8)

 = 2 (3) zusammen abgemaschte Stäbchen in dieselbe Einstichstelle

 = Reliefstäbchen von vorn, d. h. ein Stäbchen um eine Masche der letzten oder vorletzten Reihe häkeln, dabei die Häkelnadel von vorn und von rechts nach links um die entsprechende Masche führen (siehe S. 7)

 = Reliefstäbchen von hinten, d. h. ein Stäbchen um eine Masche der letzten oder vorletzten Reihe häkeln, dabei die Häkelnadel von hinten und von rechts nach links um die entsprechende Masche führen (siehe S. 7)

 = Relief-Büschelmasche laut Anleitung

 = Doppelstäbchen

 = Doppelstäbchen, das aufgrund des Musters (= niedrigere Maschen in der gleichen Reihe) wie eine kleine Noppe wirkt

 = 2 Doppelstäbchen in dieselbe Einstichstelle, getrennt durch 5 Luftmaschen

 = 9 Doppelstäbchen in dieselbe Einstichstelle

 = 1 Stäbchen und 1 Doppelstäbchen zusammen abmaschen, d. h. vom Stäbchen 1-mal 2 Schlingen, vom Doppelstäbchen 2-mal 2 Schlingen abmaschen, dann mit 1 Umschlag alle 3 auf der Nadel liegenden Schlingen zusammen abmaschen

 = 3 Doppelstäbchen zusammen abmaschen, d. h. von jedem Doppelstäbchen 2-mal 2 Schlingen abmaschen, dann mit 1 Umschlag alle 4 auf der Nadel liegenden Schlingen zusammen abmaschen

 = 4 (5) Doppelstäbchen zusammen abmaschen, d. h. von jedem Doppelstäbchen 2-mal 2 Schlingen abmaschen, dann mit 1 Umschlag alle 5 (6) auf der Nadel liegenden Schlingen zusammen abmaschen

 = 4 (5) zusammen abgemaschte Doppelstäbchen in dieselbe Einstichstelle

 = dreifaches Stäbchen

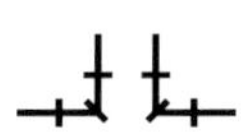 = dreifaches Stäbchen, das sich aufgrund des Musters in diese Form legt

 = 1 Stäbchen und 1 dreifaches Stäbchen zusammen abmaschen, d. h. vom Stäbchen 1-mal 2 Schlingen abmaschen, vom dreifachen Stäbchen 3-mal 2 Schlingen abmaschen, dann mit 1 Umschlag alle 3 auf der Nadel liegenden Schlingen zusammen abmaschen

 = 1 Stäbchen und 2 dreifache Stäbchen zusammen abmaschen (siehe »Abnahmen von leeren Karos«, S. 40 f.)

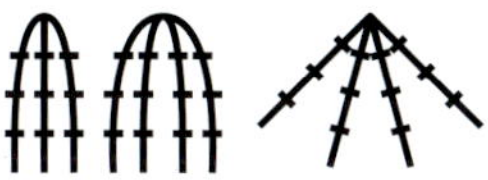 = 3 (4) dreifache Stäbchen zusammen abmaschen, d. h. von jedem dreifachen Stäbchen 3-mal 2 Schlingen abmaschen, dann mit 1 Umschlag alle 4 (5) auf der Nadel liegenden Schlingen zusammen abmaschen

 = vierfaches Stäbchen

 = 2 vierfache Stäbchen zusammen abmaschen, d. h. von jedem vierfachen Stäbchen 4-mal 2 Schlingen abmaschen, dann mit 1 Umschlag alle 3 Schlingen zusammen abmaschen

Die Anfangs-Luftmasche ist in der Häkelschrift durch einen dicken Punkt gekennzeichnet. Eine Klammer begrenzt den Mustersatz, der innerhalb einer Reihe fortlaufend wiederholt wird. Die zu wiederholenden Reihen sind durch eine Linie von den Anfangsreihen abgegrenzt. Bei manchen Mustern ist zum Zwecke der besseren Übersicht die 1. Reihe, die wiederholt wird, in Grau über die obere Reihe des Mustersatzes gezeichnet.

ABSCHLIESSENDE ARBEITEN UND PFLEGETIPPS

Spannen von Häkelarbeiten

Wenn Ihr Modell fertig gehäkelt ist, sollte es gespannt werden. Dadurch erhält es ein gleichmäßigeres Aussehen und das Muster kommt besser zur Geltung. Als Spannunterlage eignet sich eine Styroporplatte, auf der Sie ein Karovlies, z. B. von der Firma Freudenberg, befestigen. Das Karoraster erleichtert das gleichmäßige Aufspannen von filetgehäkelten Modellen und Spitzen. Auch die 70 x 70 cm große Spann- und Dämpfunterlage der Firma INOX ist ein gutes Hilfsmittel; auf dieser Schaumstoffunterlage ist ein Zentimeter-Raster aufgedruckt, außerdem Kreise und Ovale in verschiedenen Größen. Alternativ können Sie auch die Umrisse Ihres Modells auf Karopapier zeichnen, Transparentpapier darüber legen – damit die aufgezeichneten Linien nicht abfärben – und dann das Ganze auf die Styroporplatte legen.

Die Häkelarbeit wird bis zu den aufgezeichneten Linien gespannt und mit rostfreien Stecknadeln auf der Unterlage befestigt. Anschließend sprühen Sie sie mit einem Wäschesprenger gleichmäßig ein. Die Stecknadeln werden erst entfernt, wenn das Modell vollständig getrocknet ist.

Annähen von Spitzen

Achtung: Baumwoll- und Leinenstoffe können bei der ersten Wäsche einlaufen. Berücksichtigen Sie dies beim Kauf des Stoffes und waschen Sie den Stoff, bevor Sie die Spitze annähen.

Der Stoffzuschnitt für eine Tischdecke richtet sich nach den Maßen der Spitze. Je

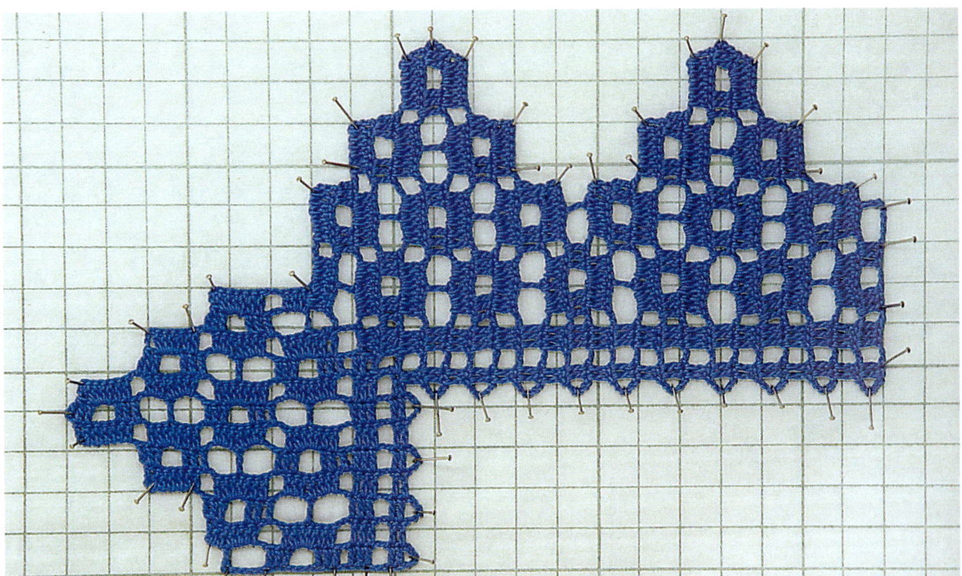

nach gewünschter Saumbreite werden einige Zentimeter zugegeben. Wenn Sie die Stoffmaße errechnet haben, schneiden Sie den Stoff fadengerade zu.

Für einen einfachen Saum versäubern Sie die Schnittkanten mit einem dichten Zickzackstich oder – falls vorhanden – mit der Overlockmaschine. Anschließend legen Sie die Spitze auf die rechte Stoffseite und nähen sie knappkantig auf (bei dieser Methode wird die Saumkante schön flach). Die Spitze sollte am Innenrand einen dicht gehäkelten Abschluss haben, damit die versäuberten Stoffkanten gut verdeckt werden.

Bei einem doppelt eingelegten Saum wird die Spitze mit der Nähmaschine knappkantig aufgesteppt oder von Hand Stoß an Stoß an die Saumkante genäht.

Pflegetipps

Damit Sie lange Freude an Ihren selbst gehäkelten Modellen haben, sollten Sie unbedingt die Pflegesymbole auf den Etiketten der Garne oder der Wolle beachten. Merzerisierte Baumwollgarne dürfen meistens bei 60 °C in der Waschmaschine gewaschen werden. Verträgt das von Ihnen gewählte Material die Maschinenwäsche, sollten Sie Ihr Modell trotzdem im Schonwaschgang waschen. Sind Stoffe mitverarbeitet, muss natürlich auch die Art des Stoffes berücksichtigt werden.

Verwenden Sie nur Waschmittel ohne optischen Aufheller und Bleichmittel und lassen Sie Ihre Handarbeit im Liegen trocknen.

Bei den Modellbeschreibungen auf den nächsten Seiten werden folgende Abkürzungen verwendet:

abgem. = abgemascht
abm. = abmaschen
dreif.Stb. = dreifaches Stäbchen
Dstb. = Doppelstäbchen
f.M. = feste Masche
fortl. = fortlaufend
Hs. = Häkelschrift
h.Stb. = halbes Stäbchen
K. = Karo
Km. = Kettmasche
Lm. = Luftmasche
lt. = laut
M. = Masche
R. = Reihe
Rd. = Runde
restl. = restliche
Rstb. = Reliefstäbchen
Schl. = Schlinge
Stb. = Stäbchen
U. = Umschlag
vierf.Stb. = vierfaches Stäbchen
Vor-R. = vorangegangene Reihe
wdh. = wiederholen
Zm. = Zählmuster
zus. = zusammen

Einfache Häkelmuster

Auf den folgenden Seiten finden Sie eine große Auswahl an einfachen Häkelmustern mit Anwendungstipps. Die Muster bestehen aus den Grundm. (siehe S. 6 ff.) und werden lt. Hs. gearbeitet (siehe S. 11 ff.).
TIPP: Die Muster eignen sich sowohl für Heimtextilien als auch für Bekleidung. Sie können aus den verschiedenen Mustern gleich große Quadrate häkeln und diese patchworkartig zusammensetzen. Bei der Berechnung der Quadratgröße sollten Sie von dem Häkelmuster mit dem größten Mustersatz ausgehen und die übrigen Muster darauf abstimmen.

Die einfachen Häkelmuster wurden mit Baumwollhäkelgarn Catania in Jaffa 189 von Schachenmayr gehäkelt.

MUSTER 1, feste Maschen in Hin- und Rück-Reihen mit Rippeneffekt

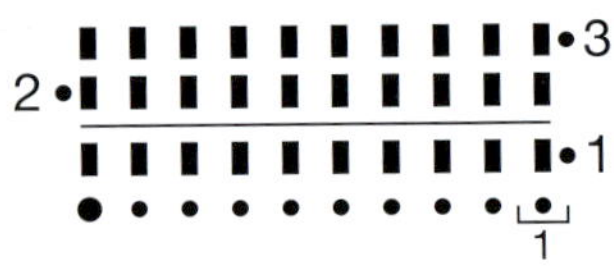

Lm.-Anschlag: beliebige Anzahl möglich
Ausführung: In der 1. R. die 1. f.M. in die 2. Lm. ab Nadel häkeln. Die 2. + 3. R. fortl. wdh., dabei ab der 2. R. die f.M. jeweils in das hintere (= halbe) Abmaschglied der Vor-R. häkeln (siehe S. 10, Abb. 49).

MUSTER 2, feste Maschen, versetzt

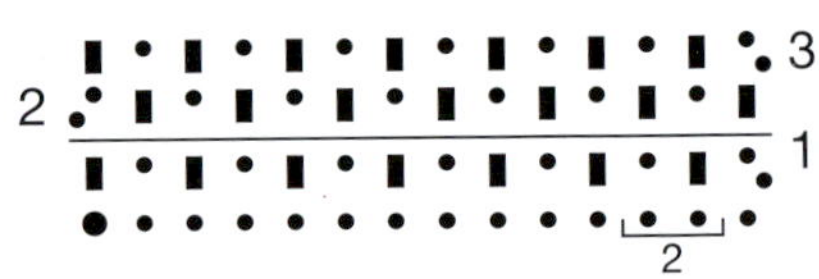

Lm.-Anschlag: gerade Anzahl
Ausführung: In der 1. R. die 1. f.M. in die 4. Lm. ab Nadel häkeln. Für die folgenden R. jeweils mit 2 Lm. wenden und die f.M. jeweils um die Lm. der Vor-R. arbeiten. Die 2. + 3. R. fortl. wdh.

MUSTER 3, kleines Muschelmuster

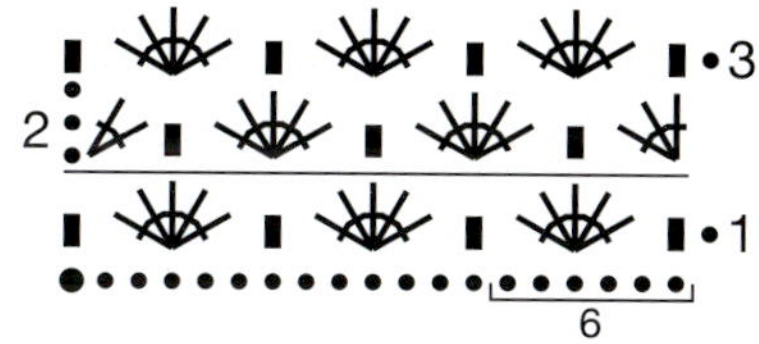

Lm.-Anschlag: teilbar durch 6, plus 2 Lm. extra

Ausführung: In der 1. R. die 1. f.M. in die 2. Lm. ab Nadel häkeln. Die 2. + 3. R. fortl. wdh.

MUSTER 4, Stäbchen

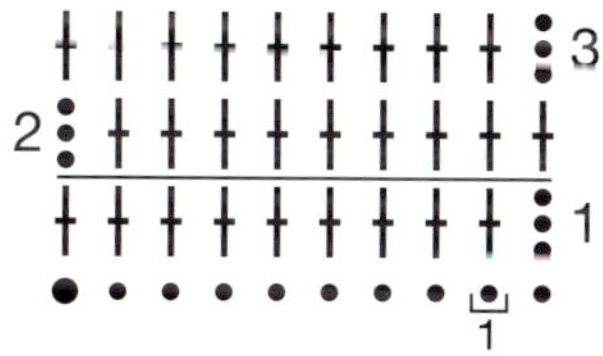

Lm.-Anschlag: beliebige Anzahl möglich

Ausführung: In der 1. R. das 1. Stb. in die 5. Lm. ab Nadel häkeln. Die 2. + 3. R. fortl. wdh.

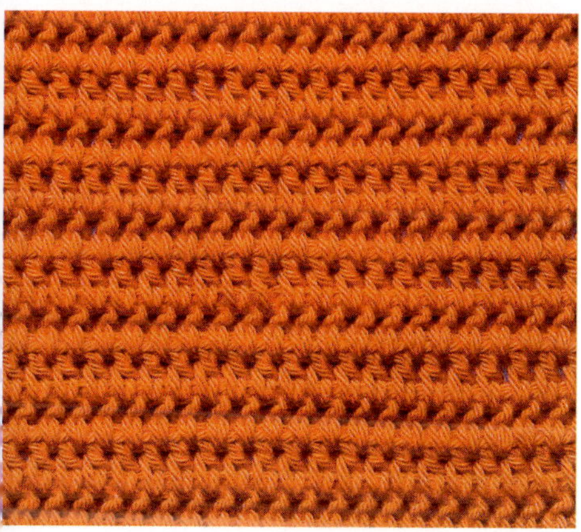

MUSTER 5, Stäbchen, versetzt

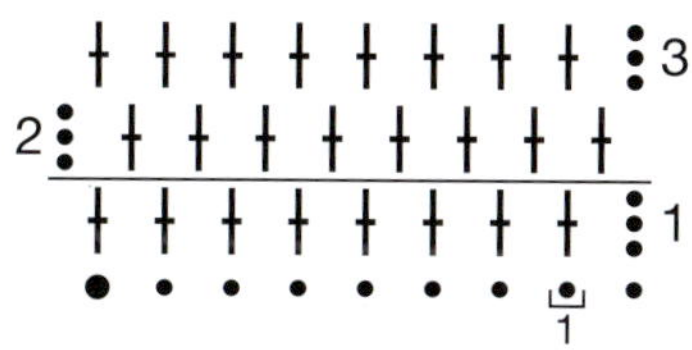

Lm.-Anschlag: beliebige Anzahl möglich

Ausführung: Den Lm.-Anschlag nicht zu fest arbeiten. In der 1. R. das 1. Stb. in die 5. Lm. ab Nadel häkeln. Die 2. + 3. R. fortl. wdh., dabei die Stb. jeweils versetzt zwischen 2 Stb. der Vor-R. häkeln.

MUSTER 6, Stäbchenmuster, v-förmig

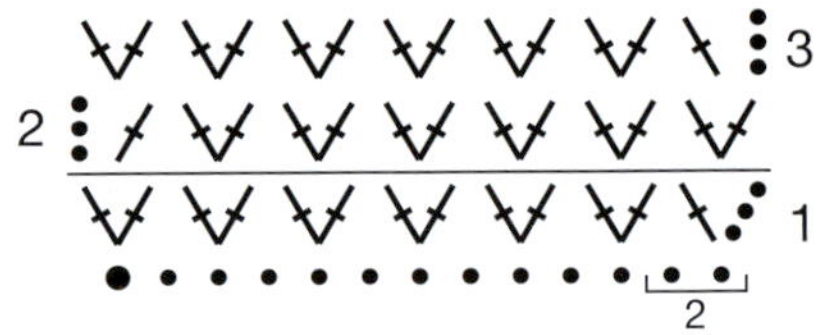

Lm.-Anschlag: gerade Anzahl
Ausführung: In der 1. R. das 1. Stb. in die 4. Lm. ab Nadel häkeln. Die 2. + 3. R. fortl. wdh., dabei die Stb. wie gezeichnet zwischen je 2 Stb. der Vor.-R. arbeiten.

MUSTER 7, Stäbchenwelle

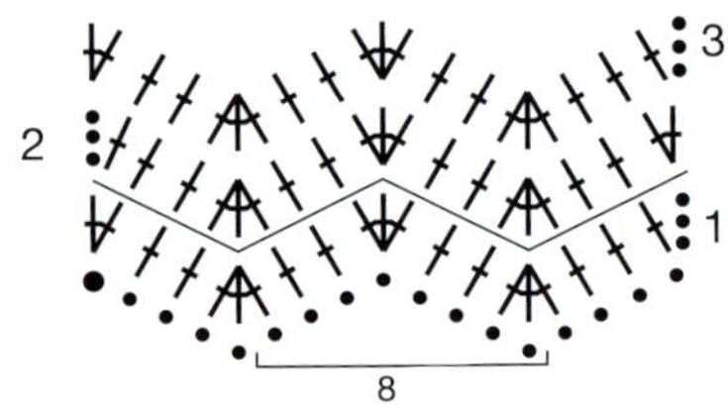

Lm.-Anschlag: teilbar durch 8, plus 4 Lm. extra
Ausführung: In der 1. R. das 1. Stb. in die 4. Lm. ab Nadel häkeln. Die 2. + 3. R. fortl. wdh.

MUSTER 8, Wellenmuster

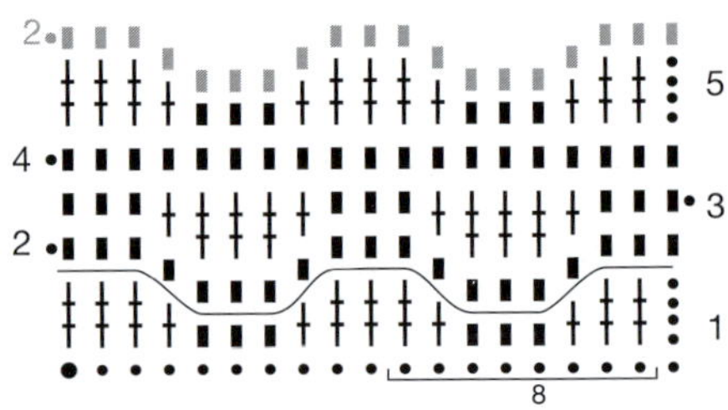

Lm.-Anschlag: teilbar durch 8, plus 7 Lm. extra
Ausführung: In der 1. R. das 1. Dstb. in die 6. Lm. ab Nadel häkeln. Die 2.–5. R. fortl. wdh.

MUSTER 9, großes Muschelmuster

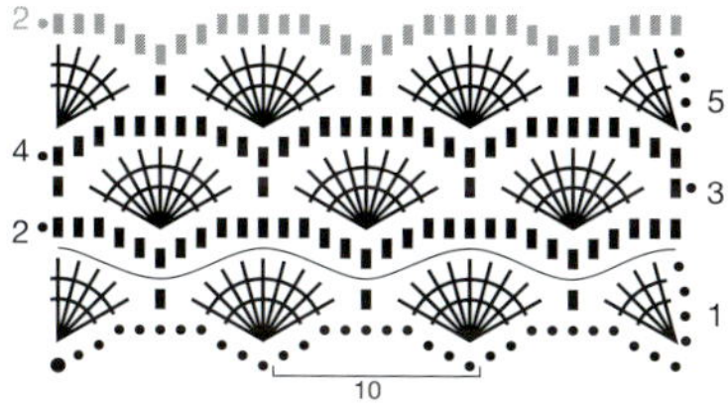

Lm.-Anschlag: teilbar durch 10, plus 5 Lm. extra
Ausführung: In der 1. R. die 1. Dstb.-Gruppe in die 5. Lm. ab Nadel häkeln. Die 2.–5. R. fortl. wdh.

MUSTER 10, Doppelstäbchen und feste Maschen

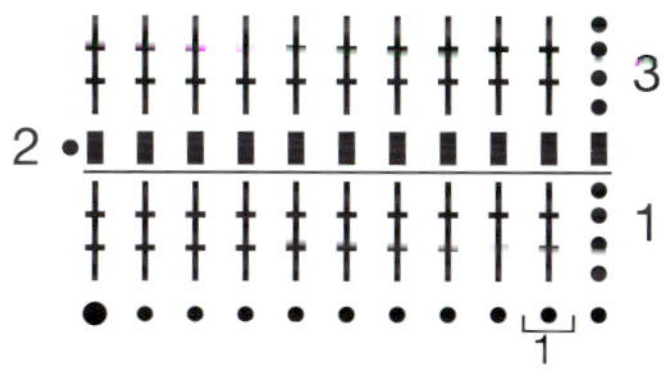

Lm.-Anschlag: beliebige Anzahl möglich
Ausführung: In der 1. R. das 1. Dstb. in die 6. Lm. ab Nadel häkeln. Die 2. + 3. R. fortl. wdh.

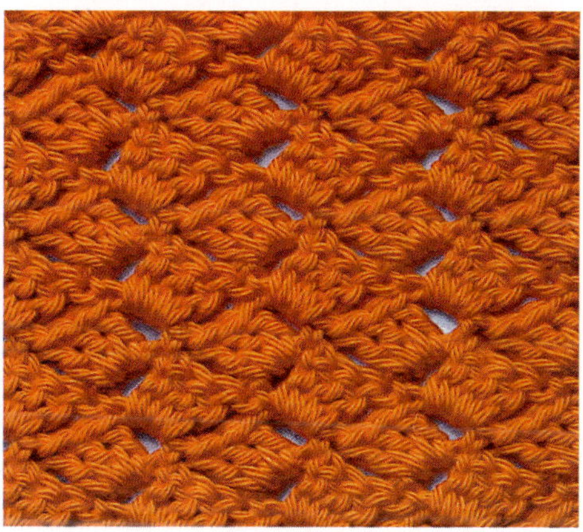

MUSTER 11, Würfelmuster

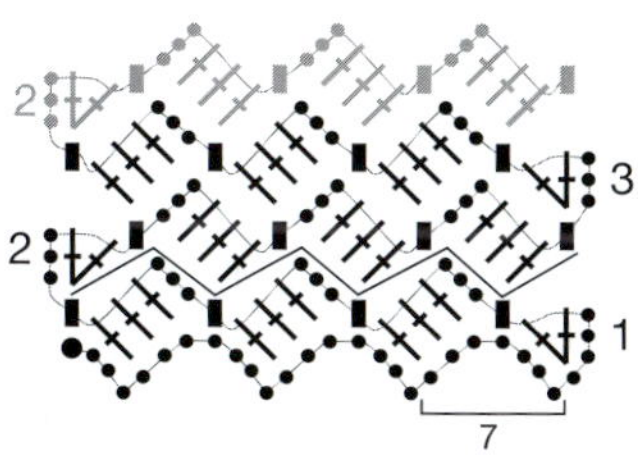

Lm.-Anschlag: teilbar durch 7, plus 1 Lm. extra
Ausführung: Am Anfang der 1. R. die beiden Stb. in die 4. Lm. ab Nadel häkeln. Ab der 2. R. die 3er-Stb.-Gruppe und die f.M. jeweils um die Lm. der Vor-R. arbeiten. Die 2. + 3. R. fortl. wdh.

Spitzenmuster

Die Spitzenmuster bestehen aus verschiedenen Grundm. (siehe S. 6), die mit Lm. kombiniert werden; sie werden lt. Hs. gearbeitet (siehe S. 11 ff.).

TIPP: Die Muster sind ideal für modische Accessoires wie Stolas, Schals und Schultertücher. Sie kommen gut in einem leichten Baumwollgarn oder einem glänzenden Viskosegarn zur Geltung, z. B. Anchor Topas von Coats. Auch kleine Gardinen und sommerliche Pullis können in Spitzenmustern gearbeitet werden.

Die Spitzenmuster wurden mit Baumwollhäkelgarn Catania in Cyclam 114 von Schachenmayr gehäkelt.

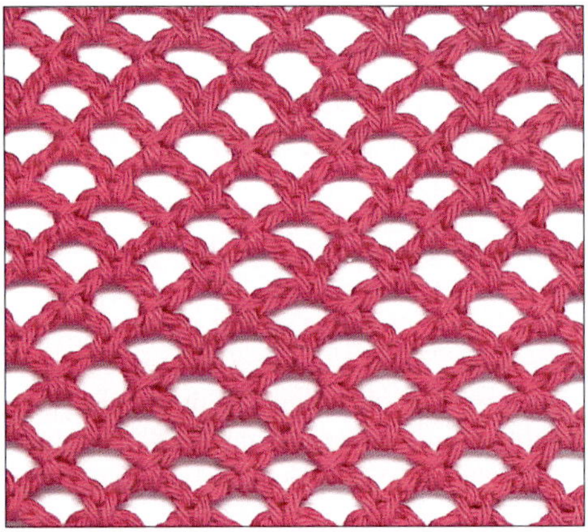

MUSTER 12

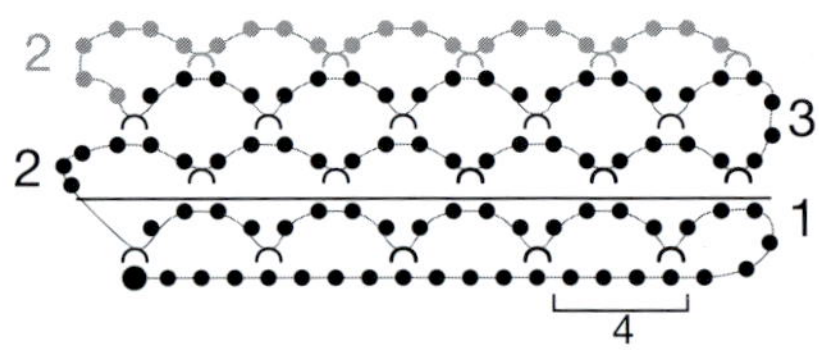

Lm.-Anschlag: teilbar durch 4, plus 3 Lm. extra

Ausführung: In der 1. R. die 1. Km. in die 7. Lm. ab Nadel häkeln. Die 2. + 3. R. fortl. wdh., dabei die Km. jeweils um den Lm.-Bogen der Vor-R. arbeiten.

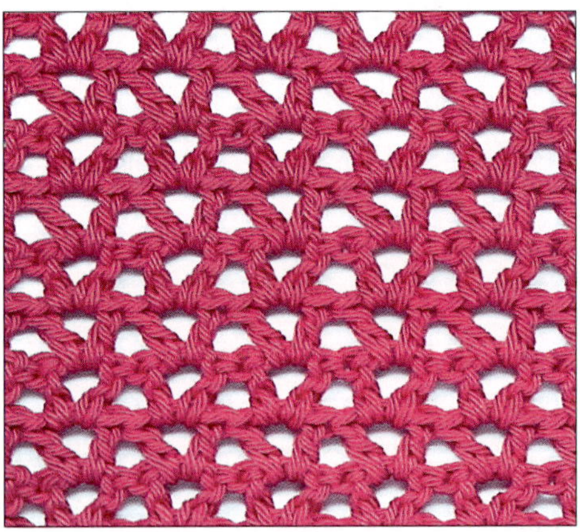

MUSTER 13

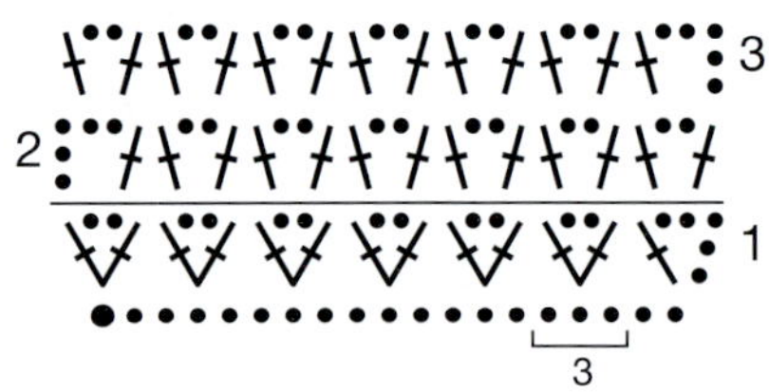

Lm.-Anschlag: teilbar durch 3

Ausführung: In der 1. R. das 1. Stb. in die 6. Lm. ab Nadel häkeln. Die 2. + 3. R. fortl. wdh. Ab der 2. R. die Stb. um die Lm. der Vor-R. arbeiten.

MUSTER 14, Beginn mit einer Rück-Reihe

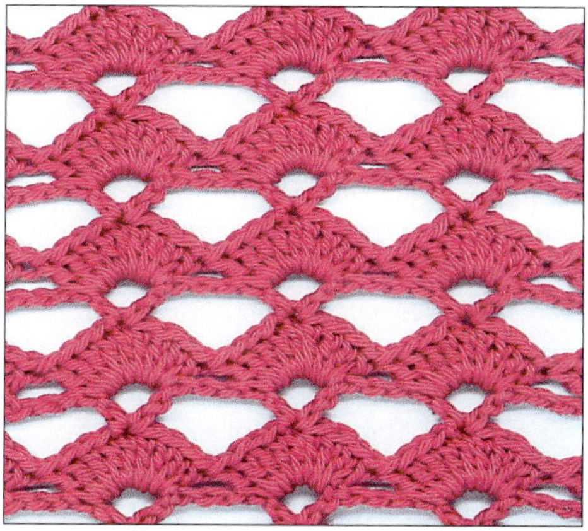

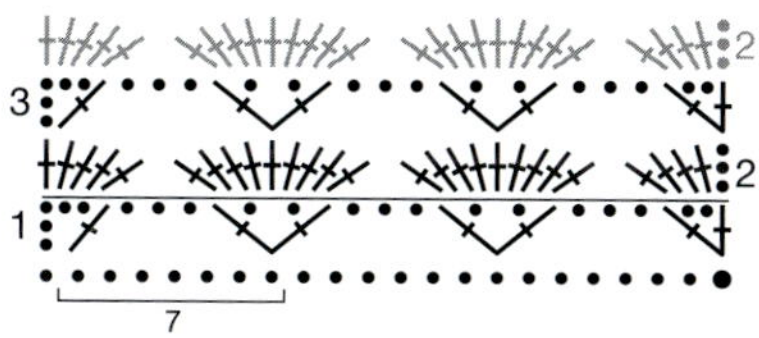

Lm.-Anschlag: teilbar durch 7, plus 6 Lm. extra

Ausführung: In der 1. R. das 1. Stb. in die 6. Lm. ab Nadel häkeln. Die 2. + 3. R. fortl. wdh. In der 2. R. die Stb. um die Lm. der Vor-R. arbeiten.

MUSTER 15

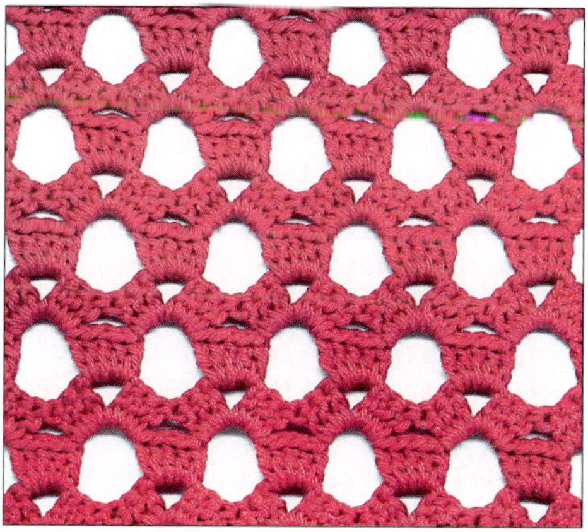

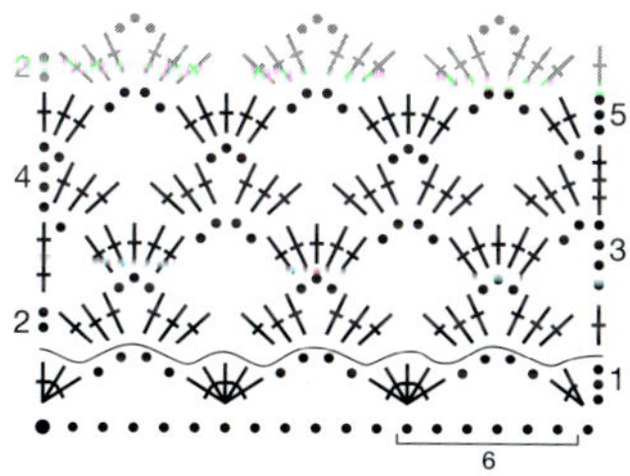

Lm.-Anschlag: teilbar durch 6, plus 4 Lm. extra

Ausführung: In der 1. R. die ersten 2 Stb. in die 4. Lm. ab Nadel häkeln. Die 2.–5. R. fortl. wdh.

MUSTER 16, Beginn mit einer Rück-Reihe

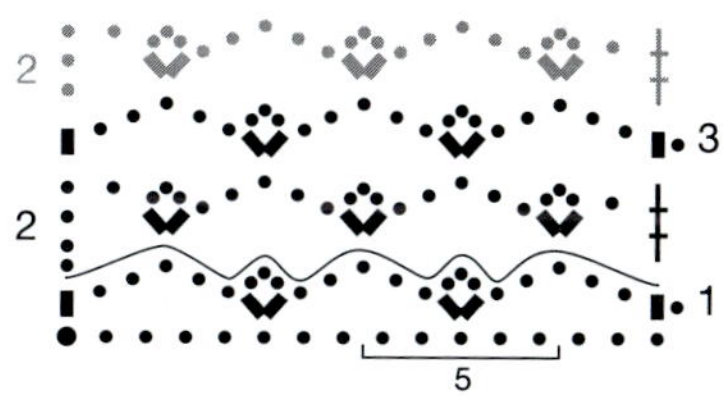

Lm.-Anschlag: teilbar durch 5, plus 2 Lm. extra

Ausführung: In der 1. R. die 1. f.M. in die 2. Lm. ab Nadel häkeln. Die 2. + 3. R. fortl. wdh.

Noppenmuster

Die Noppenmuster sind eine Kombination aus den Grundm. (siehe S. 6 ff.) und Noppen, die auf unterschiedliche Weise gehäkelt werden können. Die Muster werden lt. Hs. gearbeitet (siehe S. 11 ff.).

TIPP: Aus weicher Wolle oder einer Mischqualität gehäkelt, sind Noppenmuster besonders gut für Kissenbezüge und Plaids geeignet, doch auch auf Kleidungsstücken setzen sie hübsche Akzente. Die Noppen können ganzflächig eingearbeitet oder nur stellenweise eingesetzt werden, z. B. an beiden Enden eines Schals oder in Streifen auf einem Pullover.

Die Noppenmuster wurden aus Baumwollhäkelgarn Catania in Lavendel 177 von Schachenmayr gehäkelt.

MUSTER 17

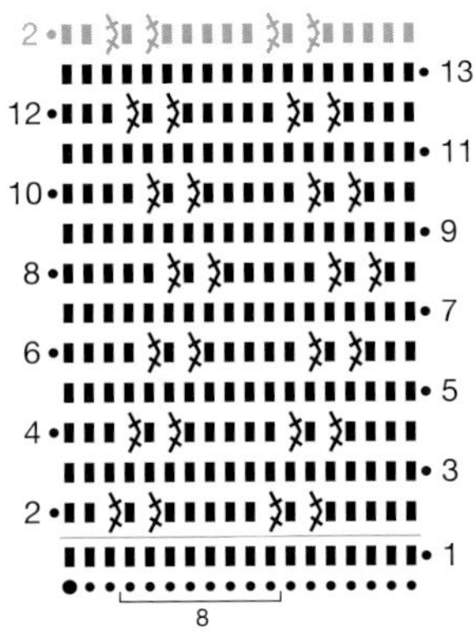

Lm.-Anschlag: teilbar durch 8, plus 3 Lm. extra
Ausführung: In der 1. R. die 1. f.M. in die 2. Lm. ab Nadel häkeln. Die 2.–13. R. fortl. wdh.

MUSTER 18

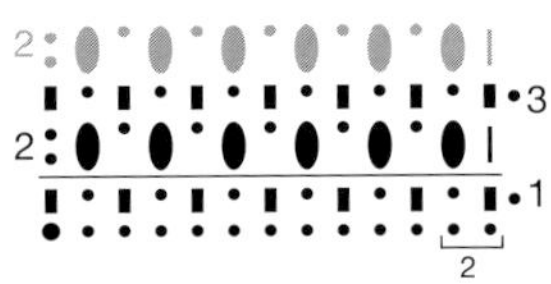

Lm.-Anschlag: gerade Anzahl
Ausführung: In der 1. R. die 1. f.M. in die 2. Lm. ab Nadel häkeln. Für die Noppen 3 h.Stb. zus. abm., d. h. *1 U. auf die Nadel nehmen, Nadel unter der Lm. der Vor-R. einstechen, Schl. durchholen; ab * noch 2-mal wdh., dann mit 1 U. alle 7 Schl. zus. abm. Die 2. + 3. R. fortl. wdh., dabei die f.M. und Noppen um die Lm. der Vor.-R. arbeiten.

MUSTER 19

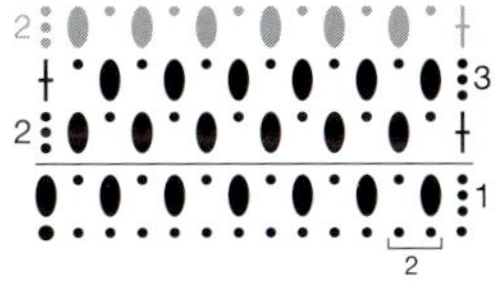

Lm.-Anschlag: gerade Anzahl
Ausführung: In der 1. R. die 1. Noppe in die 5. Lm. ab Nadel häkeln. Für die Noppen 3 h.Stb. zus. abm., d. h. *1 U. auf die Nadel nehmen, Nadel in die entsprechende Lm. einstechen, Schl. durchholen; ab * noch 2-mal wdh., mit 1 U. alle 7 Schl. zus. abm. Die 2. + 3. R. fortl. wdh., dabei ab der 2. R. die Noppen um die Lm. der Vor.-R. arbeiten.

MUSTER 20

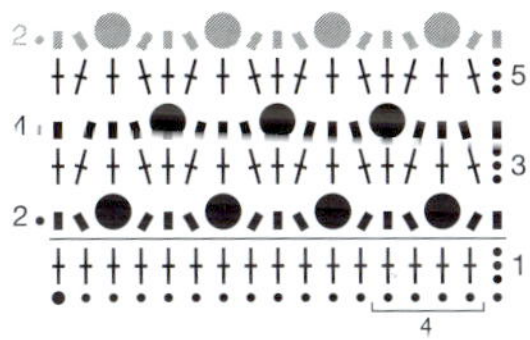

Lm.-Anschlag: teilbar durch 4
Ausführung: In der 1. R. das 1. Stb. in die 5. Lm. ab Nadel häkeln. Für die Noppen 5 zus. abgem. Stb. in dieselbe Einstichstelle arbeiten, d. h. * 1 U. auf die Nadel nehmen, einstechen, Schl. durchholen, 1 U. auf die Nadel nehmen und 1-mal 2 Schl. abm.; ab * noch 4-mal wdh., dann mit 1 U. alle 6 Schl. zus. abm. Die 2.–5. R. fortl. wdh.

MUSTER 21, Beginn mit einer Rück-Reihe

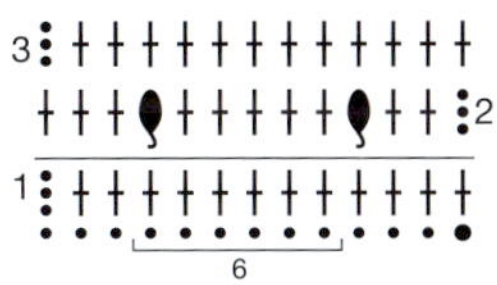

Lm.-Anschlag: teilbar durch 6, plus 4 Lm. extra
Ausführung: In der 1. R. (= Rück-R.) das 1. Stb. in die 5. Lm. ab Nadel häkeln. Die Relief-Büschelmasche wie folgt arbeiten: *1 U. auf die Nadel nehmen, Nadel von rechts nach links um das Stb. führen, Schl. durchholen; ab * 3-mal wdh. (es liegen 9 Schl. auf der Nadel). Mit 1 U. 8 Schl. zus. abm., mit 1 U. die restl. 2 Schl. zus. abm. Die 2. + 3. R. fortl. wdh.

Reliefstäbchenmuster

Die Reliefstäbchenmuster bestehen aus den Grundm. (siehe S. 6 ff.) und aus Rstb., die um M. der letzten oder vorletzten R. gearbeitet werden. Häkeln Sie die Muster lt. Hs. (siehe S. 11 ff.).

TIPP: Aufgrund ihrer kompakten Struktur sind Reliefstäbchenmuster ideal für Topflappen. Häkeln Sie einfach ein Quadrat mit ca. 20 cm Seitenlänge aus dickem Baumwollgarn. Nach der letzten R. schlagen Sie an einer Ecke für den Aufhänger ca. 15 Lm. an, arbeiten eine Km. in die Ecke und umhäkeln den Lm.-Ring mit f.M.

Die Reliefstäbchenmuster wurden mit Baumwollhäkelgarn Catania in Violett 113 von Schachenmayr gehäkelt.

MUSTER 22

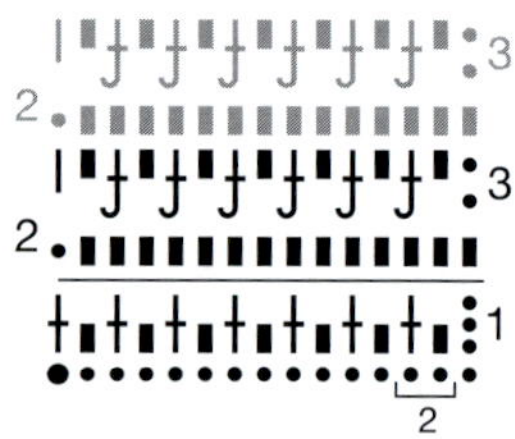

Lm.-Anschlag: teilbar durch 2
Ausführung: In der 1. R. die 1. f.M. in die 5. Lm. ab Nadel häkeln. In der 3. R. die Rstb. um die Stb. der 1. R. arbeiten. Die 2. + 3. R. fortl. wdh., dabei die Rstb. jeweils um die Rstb. der vorletzten R. häkeln.

MUSTER 23

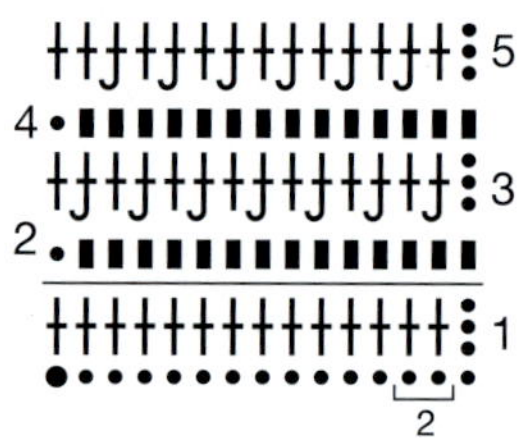

Lm.-Anschlag: teilbar durch 2
Ausführung: In der 1. R. das 1. Stb. in die 5. Lm. ab Nadel häkeln. In der 3. R. die Rstb. um die Stb. der 1. R. arbeiten. Die 2.–5. R. fortl. wdh., dabei die Rstb. jeweils um die Stb. der vorletzten R. häkeln.

MUSTER 24

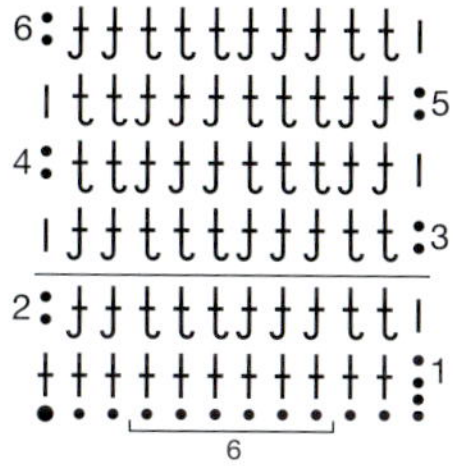

Lm.-Anschlag: teilbar durch 6, plus 3 Lm. extra

Ausführung: In der 1. R. das 1. Stb. in die 5. Lm. ab Nadel häkeln. In der 2. R. die Rstb. um die Stb. der 1. R. arbeiten. Die 3.–6. R. fortl. wdh., dabei die Rstb. jeweils um die Rstb. der Vor-R. häkeln.

MUSTER 25

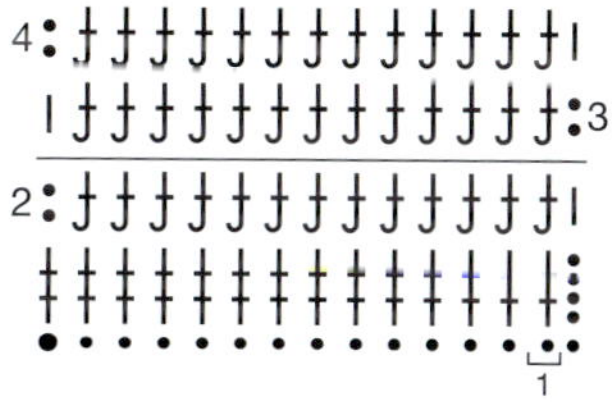

Lm.-Anschlag: beliebige Anzahl möglich

Ausführung: In der 1. R. das 1. Dstb. in die 6. Lm. ab Nadel häkeln. In der 2. R. die Rstb. um die Dstb. der 1. R. arbeiten, die 3. + 4. R. fortl. wdh., dabei die Rstb. jeweils um die Rstb. der Vor-R. häkeln.

MUSTER 26

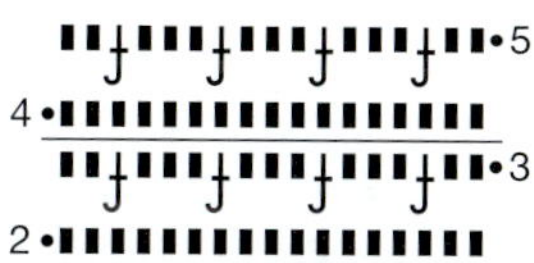

Lm.-Anschlag: teilbar durch 4, plus 2 Lm. extra

Ausführung: In der 1. R. die 1. f.M. in die 2. Lm. ab Nadel häkeln. In der 3. R. die Rstb. um die f.M. der 1. R. arbeiten. Die 4. + 5. R. fortl. wdh., dabei die Rstb. jeweils um die Rstb. der vorletzten R. häkeln.

Zweifarbige Muster

Die zweifarbigen Häkelmuster bestehen aus den Grundm. (siehe S. 6 ff.). Gearbeitet wird lt. Hs. (siehe S. 11 ff.); schwarze und graue Hs.-Zeichen kennzeichnen die unterschiedlichen Farben. Der nicht benutzte Faden wird am Rand der Häkelarbeit locker nach oben geführt.

TIPP: Zweifarbige Muster eignen sich sowohl für Heimtextilien, wie Kissen und Plaids, als auch für Bekleidung. Sie können ebenso in glattem Baumwollgarn wie in einer weichen Woll- bzw. Mischqualität gearbeitet werden.

Die zweifarbigen Muster wurden mit der Mischqualität Universa (55 % Schurwolle, 45 % Polyacryl) in Birke 77 und Sea 52 von Schachenmayr gehäkelt.

MUSTER 27

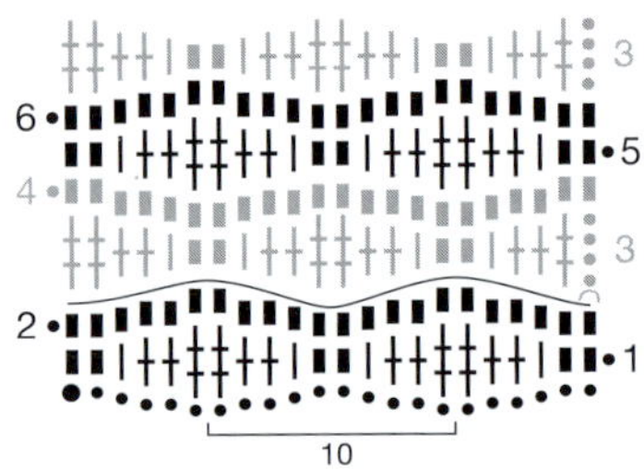

Lm.-Anschlag: teilbar durch 10, plus 3 Lm. extra

Ausführung: In der 1. R. die 1. f.M. in die 2. Lm. ab Nadel häkeln. Nach der 2. Reihe die 3.–6. R. fortl. wdh.

MUSTER 28, Beginn mit einer Rück-Reihe

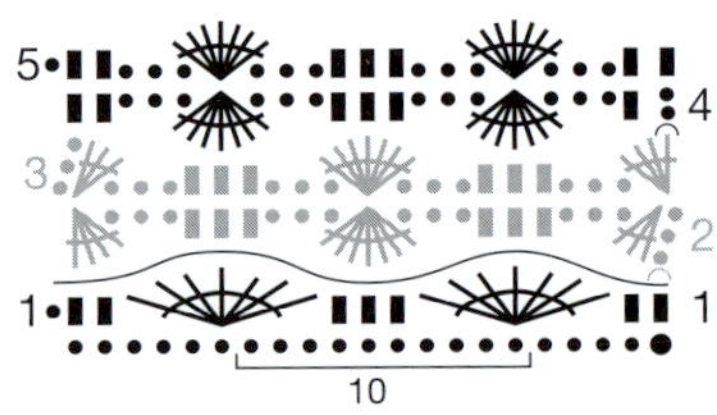

Lm.-Anschlag: teilbar durch 10, plus 2 Lm. extra

Ausführung: In der 1. R. die 1. f.M. in die 2. Lm. ab Nadel häkeln. Nach der 1. R. die 2.–5. R. fortl. wdh.

MUSTER 29

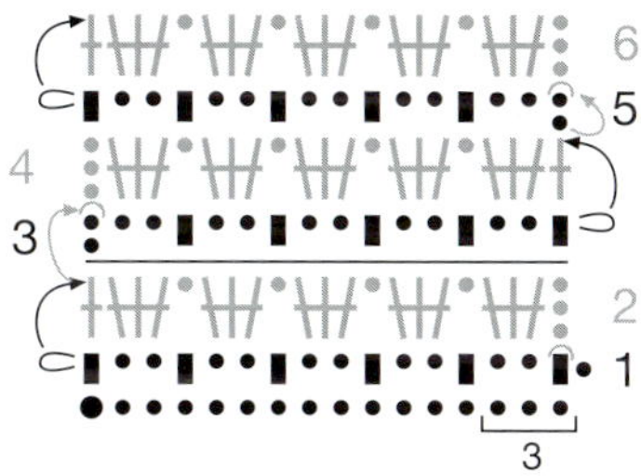

Lm.-Anschlag: teilbar durch 3, plus 2 Lm. extra

Ausführung: Es werden abwechselnd 2 Hin-R. und 2 Rück-R. gehäkelt. **1. R.:** Die 1. f.M. in die 2. Lm. ab Nadel häkeln. Am Ende der R. die Schl. langziehen und hängen lassen (siehe Schl.-Symbol). **2. R.:** An der 1. f.M. der 1. R. anketten, beim letzten Stb. nur 1-mal 2 Schl. abm., Faden hängen lassen. Für die **3. R.** die Schl. der 1. R. durch die auf der Nadel liegenden Schl. ziehen (siehe dünne Linie mit Pfeil). Nach der 2. R. die 3.–6. R. fortl. wdh., dabei die Farbwechsel entsprechend arbeiten.

MUSTER 30

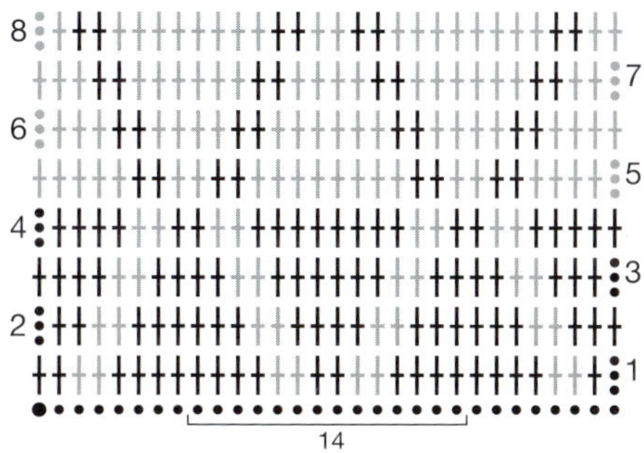

Lm. Anschlag: teilbar durch 14, plus 5 Lm. extra

Ausführung: In der 1. R. das 1. Stb. in die 5. Lm. ab Nadel häkeln. Mit 2 Farben arbeiten, dabei mit dem Arbeitsfaden die andere Farbe überhäkeln. Nach der 8. R. die 1.–8. R. fortl. wdh. Beim Farbwechsel die letzte M. einer Farbe jeweils mit der folgenden Farbe abm. (siehe S. 8, Abb. 33–35). Nach der 8. R. die 1.–8. R. fortl. wdh.

Lehrgang Tunesische Häkelei

ALLGEMEINES ZUR TUNESISCHEN HÄKELEI

Bei dieser Häkeltechnik liegen während des Häkelns mehrere Schl. auf der Nadel. Aus diesem Grund benötigt man spezielle Häkelnadeln, die länger sind als übliche Häkelnadeln und deren Schaft gleichmäßig stark ist. Das Ende ist mit einem Knopf versehen, sodass die Schl. nicht herunterrutschen können. Die INOX-Häkelnadeln von der Firma Prym sind in den Stärken 2–5 mm im Fachhandel erhältlich.

Bei der Tunesischen Häkelei wird immer auf der Vorderseite gearbeitet, d. h. es wird nicht gewendet. Jede R. besteht aus einer Hin- und einer Rück-R. In der Hin-R. werden die Schl. von rechts nach links aufgefasst, in der Rück-R. von links nach rechts abgemascht.

EINFACHER TUNESISCHER HÄKELSTICH

Die Basis bildet eine Lm.-Kette, die nicht zu fest gehäkelt werden darf.

1. R.: *Hin-R.:* In die 2. Lm. ab Nadel einstechen und Schl. durchholen (Abb. A). Schl. auf der Häkelnadel lassen. Aus jeder folgenden Lm. des Lm.-Anschlages je 1 Schl. durchholen (Abb. B).

Abb. A

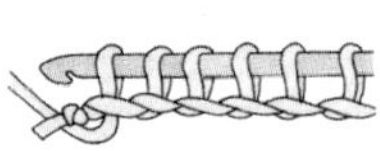

Abb. B

Rück-R.: 1 U. auf die Nadel nehmen und durch eine einzelne Schl. ziehen (Abb. C), dann * 1 U. auf die Nadel nehmen und durch 2 Schl. ziehen (Abb. D). Ab * fortl. wdh., bis nur noch 1 Schl. auf der Nadel liegt (Abb. E).

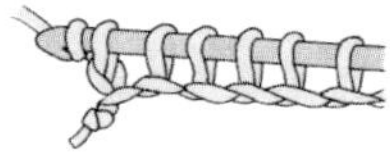

Abb. C

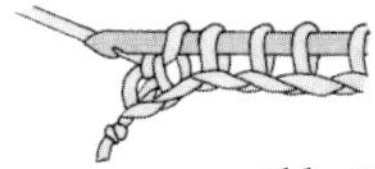

Abb. D

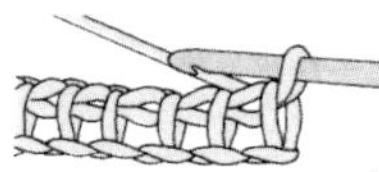

Abb. E

2. R.: *Hin-R.:* Aus den senkrecht liegenden Maschendrähten je 1 Schl. auffassen (Abb. F). Aus dem 1. senkrecht liegenden Maschendraht am Rand wird keine Schl. aufgefasst. Die auf der Nadel liegende Schl. zählt als 1. Schl.

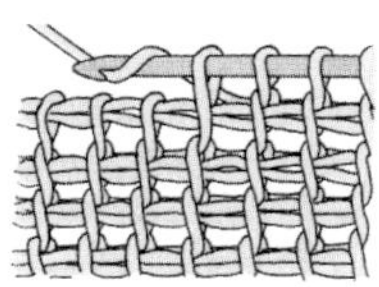

Abb. F

Rück-R.: Die Schl. wie bei der 1. Rück-R. beschrieben abm. Die 2. R. fortl. wdh.

ABKETTEN

Ist eine Arbeit beendet, werden die Schl. der letzten R. abgekettet. Dafür in jeden senkrecht liegenden Maschendraht von rechts nach links einstechen, 1 U. auf die Nadel nehmen und in einem Zug durch den senkrecht liegenden Maschendraht und die auf der Nadel liegende Schl. ziehen.

TUNESISCHER KREUZSTICH, VERSETZT

Die Basis bildet eine Lm.-Kette, die nicht zu fest gehäkelt werden darf.

1. R.: Wie beim einfachen tunesischen Häkelstich beschrieben arbeiten.

2. R.: *Hin-R:* Den 1. senkrecht liegenden Maschendraht am Rand übergehen, dann die Maschendrähte verkreuzen, dafür fortlaufend aus dem folgenden 2. senkrecht liegenden Maschendraht 1 Schl. durchholen. Danach aus dem übergangenen Maschendraht 1 Schl. durchholen. Am R.-Ende aus dem letzten senkrecht liegenden Maschendraht noch 1 Schl. durchholen.

Rück-R: Wie beim einfachen tunesischen Häkelstich beschrieben arbeiten.

3. R.: *Hin-R:* Den 1. senkrecht liegenden Maschendraht am Rand übergehen, aus dem folgenden Maschendraht 1 Schl. durchholen, dann mit dem Verkreuzen beginnen.

Rück-R: Wie beim einfachen tunesischen Häkelstich beschrieben arbeiten. Die 2. + 3. R. fortl. wdh.

ABKETTEN

Siehe einfacher tunesischer Häkelstich, dabei ebenfalls die Schl. verkreuzen.

TUNESISCHER STRICKSTICH

Die Basis bildet eine Lm.-Kette, die nicht zu fest gehäkelt werden darf.

1. R.: Wie beim einfachen tunesischen Häkelstich beschrieben arbeiten.

2. R.: *Hin-R.:* Zum Bilden der Schl. die Nadel zwischen dem vorderen und dem hinten liegenden Maschendraht von vorn nach hinten durch die Arbeit auf die Rückseite führen und die Schl. von der Rückseite aus auf die Vorderseite der Arbeit holen (siehe Abb. G).

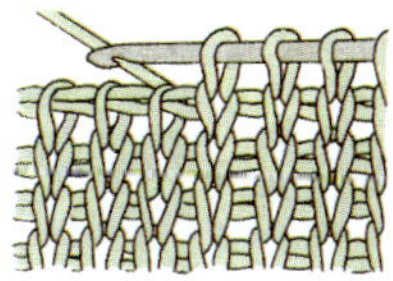

Abb. G

Rück-R: Wie beim einfachen tunesischen Häkelstich beschrieben arbeiten.

ABKETTEN

Der tunesische Strickstich kann wie der einfache tunesische Häkelstich abgekettet werden. Sie können aber auch eine R. f.M. auf die obere R. häkeln, dabei wie zuvor zwischen dem vorderen und dem hinten liegenden Maschendraht einstechen.

Tunesische Häkelmuster

Einen ausführlichen Lehrgang zur Tunesischen Häkelei finden Sie auf den S. 28/29.
TIPP: Tunesische Häkelmuster kommen vor allem bei Heimtextilien, z. B. Tagesdecken, sehr gut zur Geltung.

Die kompakten Muster sind auch für Topflappen geeignet. Häkeln Sie einfach ein Quadrat mit ca. 20 cm Seitenlänge aus dickem Baumwollgarn und umhäkeln Sie die Kanten mit f.M. Danach schlagen Sie an einer Ecke für den Aufhänger ca. 15 Lm. an, arbeiten eine Km. in die Ecke und umhäkeln den Lm.-Ring mit f.M.

Die Tunesischen Häkelmuster wurden mit Baumwollhäkelgarn Lyric 8/8 in Maigrün 590 von Coats gehäkelt.

MUSTER 31, einfacher tunesischer Häkelstich

Lm.-Anschlag: beliebige Anzahl möglich
Ausführung: Wie auf S. 28 beschrieben arbeiten, dabei zum Bilden der Schl. die senkrechten Maschendrähte erfassen.

MUSTER 32, tunesischer Kreuzstich, versetzt

Lm.-Anschlag: beliebige Anzahl möglich
Ausführung: Wie auf S. 29 beschrieben arbeiten, dabei zum Bilden der Schl. die senkrechten Maschendrähte erfassen und verkreuzen.

MUSTER 33, tunesisches Gittermuster

Lm.-Anschlag: beliebige Anzahl möglich
Ausführung: 1. R., *Hin- und Rück-R.:* Wie beim einfachen tunesischen Häkelstich arbeiten (siehe S. 28). **2. R.**, *Hin-R.:* Zum Bilden der Schl. die oberen waagerechten Maschenglieder, die zwischen den senkrechten Maschendrähten liegen, erfassen. Die 1. Schl. hinter dem 1. senkrecht liegenden Maschendraht durchholen, am R.-Ende aus dem letzten Maschenglied und der Rand-M. je 1 Schl. durchholen. *Rück-R.:* Wie beim einfachen tunesischen Häkelstich arbeiten. Die 2. R. fortl. wdh. Beim Abketten (siehe S. 28) nur das obere waagerechte Maschenglied erfassen.

MUSTER 34, tunesisches Durchbruchmuster

Lm.-Anschlag: ungerade Anzahl
Ausführung: 1. R., *Hin-R.:* Die 1. Schl. aus der 2. Lm. ab Nadel durchholen, dann *1 U. auf die Nadel nehmen, 1 Lm. des Lm.-Anschlags übergehen, aus der folgenden Lm. wieder 1 Schl. durchholen; ab * fortl. wdh. Vor der Rand-M. keinen U. mehr auf die Nadel nehmen, sodass auf beiden Seiten ein fester Rand entsteht. *Rück-R.:* Wie beim einfachen tunesischen Häkelstich arbeiten (siehe S. 28). **2. R.**, *Hin-R.:* Aus jedem senkrecht liegenden Maschendraht der Vor-R. 1 Schl. durchholen, dazwischen 1 U. auf die Nadel nehmen (vor der Rand-M. kein Umschlag). *Rück-R.:* Wie beim einfachen tunesichen Häkelstich arbeiten. Die 2. R. fortl. wdh. Beim Abketten (siehe S. 28) die senkrechten Maschendrähte und die dazwischen liegenden U. erfassen.

Motive und Blüten

Die Motive und Blüten werden lt. Hs (siehe S. 11 ff.) in Rd. gehäkelt. Zum Zusammensetzen der Motive zu einer Fläche die fertigen Motive an den Ecken und Seiten je nach benötigter Länge mit Km., f.M. oder Stb. verbinden.

TIPP: Aus Baumwollgarn gehäkelt können die Motive für Tischdecken, Deckchen und Gardinen verwendet werden, aus Woll- oder Mischqualitäten gearbeitet eignen sie sich für Kissen und Plaids. Die Blüten können Sie z. B. auf Vorhänge, Kindermützen, Basttaschen und Schals nähen.

Die Motive und Blüten wurden mit Baumwollhäkelgarn Floretta 10 in Rosa 4417 und Pink 4419 von Coats gehäkelt.

MUSTER 35

Ausführung: Mit einem Fadenring beginnen (siehe S. 10), danach wie gezeichnet arbeiten.

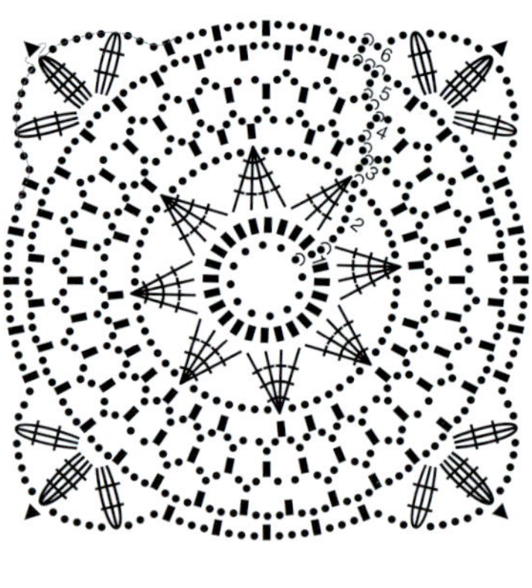

MUSTER 36

Ausführung: 12 Lm. mit einer Km. zur Rd. schließen. Für die Picots je 3 Lm. + 1 f.M. in die zuvor gehäkelte Dreif.-Stb.-Gruppe arbeiten.

MUSTER 37

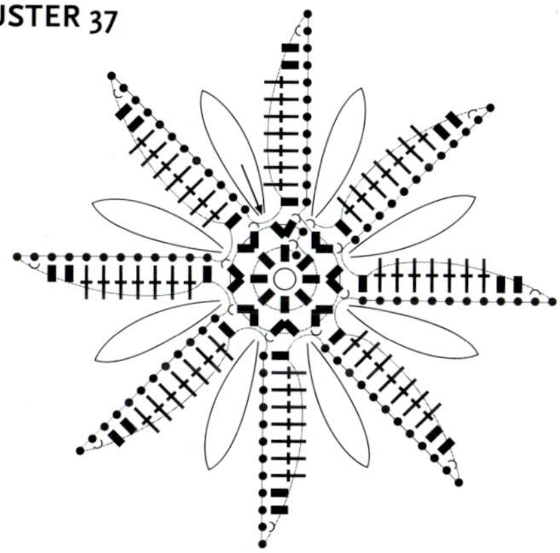

Ausführung: Zuerst die unteren Blätter in Rosa arbeiten, mit einem Fadenring beginnen (siehe S. 10). In der 2. + 3. Rd. die f.M. bzw. Km. jeweils in die hinteren (= halben) Abmaschglieder der Vor-Rd. arbeiten. In der 3. Rd. die Blättchen häkeln. Nach der letzten f.M. jedes Blättchens an der 2. Rd. anketten, dabei 1 f.M. der 2. Rd. übergehen. Die oberen Blätter in Pink arbeiten, dafür an einer f.M. der 2. Rd. zwischen 2 Blättchen der unteren Blätter anketten (siehe Pfeil); auch hier nur das hintere Abmaschglied erfassen.

MUSTER 38

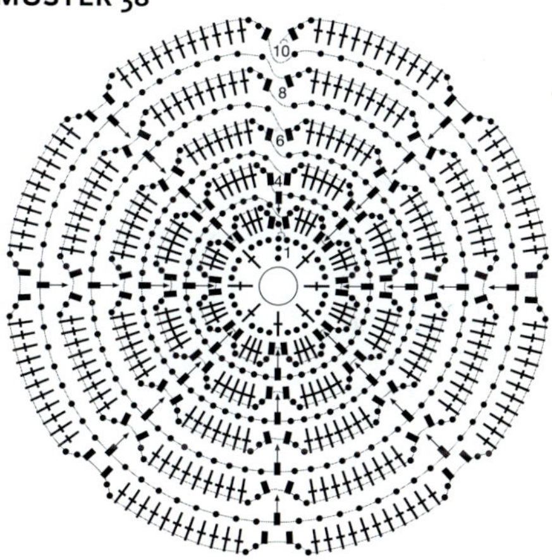

Ausführung: Mit einem Fadenring beginnen (siehe S. 10). Nach der 1. Rd. 1 Lm. häkeln, dann um jeden Lm.-Bogen 1 f.M., 2 Lm., 3 Stb., 2 Lm. + 1 f.M. häkeln. In der 3. Rd. die f.M. mit Pfeil um die Stb. der 1. Rd., am Rd.-Ende um die Anfangs-Lm. häkeln; dabei mit der Häkelnadel von hinten nach vorn um die M. greifen. In der 5., 7. + 9. Rd. die f.M. mit Pfeil jeweils um die f.M. der vorletzten Rd. arbeiten.

Spitzen

Alle hier vorgestellten Spitzen werden quer gehäkelt, sodass Sie immer nur kurze Reihen häkeln und die gewünschte Länge noch während des Häkelns festlegen können. Die Modelle werden lt. Hs. (siehe S. 11 ff.) gearbeitet. In den Anleitungen wird unter dem Begriff »Umrandung« das Spitzenmuster mit Ecken beschrieben, das Sie für Tischdecken und Deckchen benötigen, unter »Spitze« die Version ohne Ecken.

TIPP: Spitzen wirken am schönsten, wenn sie aus merzerisiertem Baumwollhäkelgarn gehäkelt werden. Sie können sie als Umrandung für Tischdecken und Deckchen oder als Abschluss für Gardinen einsetzen.

Die Spitzen wurden mit Baumwollhäkelgarn Floretta 10 in Blau 4423 von Coats gehäkelt.

MUSTER 39

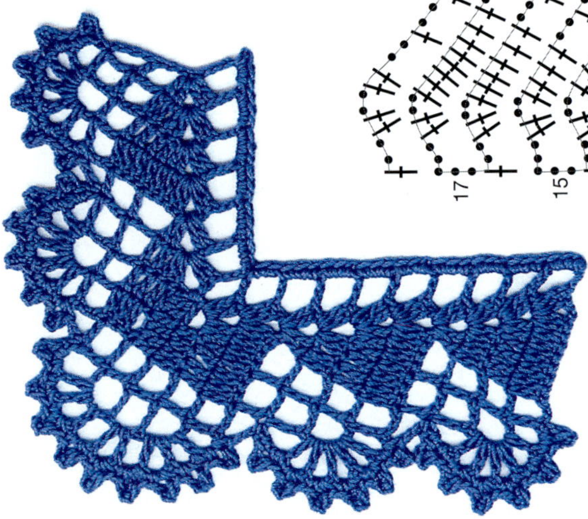

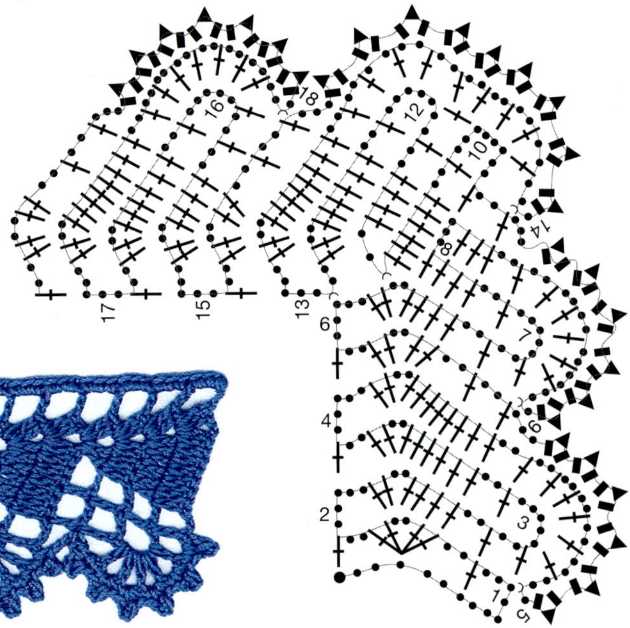

Ausführung:

Umrandung: 14 Lm. anschlagen, das 1. Stb. in die 8. Lm. ab Nadel häkeln. Für die Picots 3 Lm. + 1 f.M. in die 1. der 3 Lm. arbeiten. Nach der 5. R. für die Ecke die 6.–14. R. häkeln, dann die 15.–18. R. (= Mustersatz) beliebig oft wdh.; danach die nächste Ecke anfügen. An der letzten (= angefangenen) Seite die Mustersätze entsprechend ergänzen.

Spitze: Siehe auch »Umrandung«; nach der 5. R. die 2.–5. R. bis zur gewünschten Länge wdh., beim letzten Mustersatz die 5. R. nicht mehr komplett arbeiten, sondern nach dem Picotbogen mit einer Km. um die Lm. der Vor-R. abschließen.

MUSTER 40

Ausführung: Bei dieser Spitze zunächst die Dreieckmotive arbeiten und miteinander verbinden, danach die Innenkante umhäkeln.
Umrandung: Für das 1. Dreieckmotiv 5 Lm. anschlagen, mit einer Km. zur Rd. schließen. In der 5. R. für die Picots 3 Lm. + 1 f.M. in die 1. der 3 Lm. arbeiten. Alle weiteren Motive wie das 1. häkeln, jedoch in der 5. R. nach den Ersatz-Lm. eine Km. in das zuvor gehäkelte Motiv arbeiten. Häkeln Sie z. B. für eine Tischdecke pro Seite die gewünschte Anzahl an Motiven; das letzte Motiv verbinden Sie mit dem zuvor gehäkelten und mit dem 1. Motiv. Anschließend an einem Motiv anketten (siehe Pfeil) und die Rd. a–c mustergemäß anfügen; dabei die Ecken bilden.
Spitze: Siehe auch »Umrandung«; Dreieckmotive bis zur gewünschten Länge arbeiten und miteinander verbinden. Dann am 1. Motiv anketten, die obere Kante mit den R. a–c mustergemäß überhäkeln. Die Reihen können dabei als Hin- und Rück-R. gearbeitet werden.

MUSTER 41

Ausführung: Bei dieser Spitze zunächst die Blütenmotive arbeiten und miteinander verbinden, danach die Innenkante umhäkeln.
Umrandung: Das 1. Blütenmotiv mit einem Fadenring beginnen (siehe S. 10), dann die 1.–3. Rd. arbeiten. Alle weiteren Motive wie das 1. häkeln, jedoch in der letzten Rd. mit dem zuvor gehäkelten Motiv verbinden (siehe Stb. mit Pfeil). Häkeln Sie für eine Tischdecke, ein Deckchen oder einen Tischläufer pro Seite die gewünschte Anzahl an Motiven. Legen Sie die Eckmotive (grau getönt) fest und achten Sie auf die Ankettstellen. Das letzte Motiv verbinden Sie sowohl mit dem zuvor gehäkelten als auch mit dem 1. Motiv. Anschließend an einem Motiv anketten (siehe Pfeil) und die Rd. a + b mustergemäß anfügen.
Spitze: Siehe auch »Umrandung«; Blütenmotive bis zur gewünschten Länge arbeiten und miteinander verbinden. Dann die obere Kante mit den R. a + b mustergemäß überhäkeln. Damit in R. b die rechte Seite der Stb. auf der Vorderseite der Arbeit liegt, am letzten Motiv auf der Rückseite anketten und R. a als Rück-R. arbeiten.

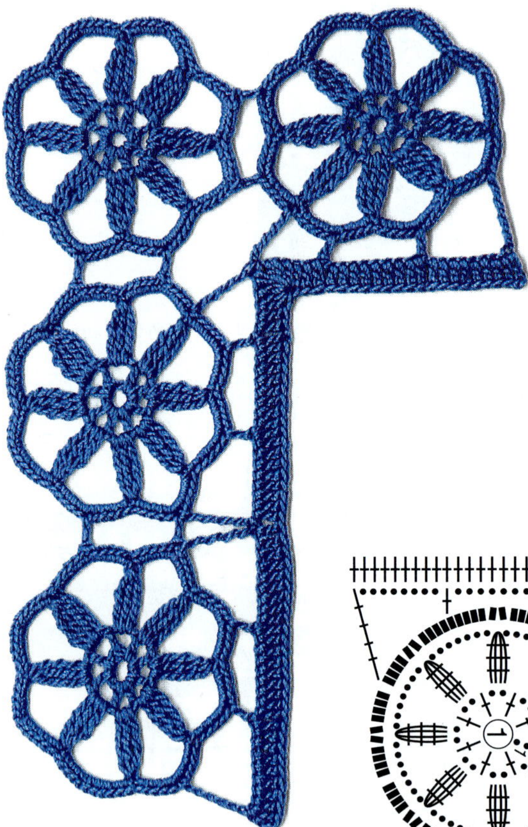

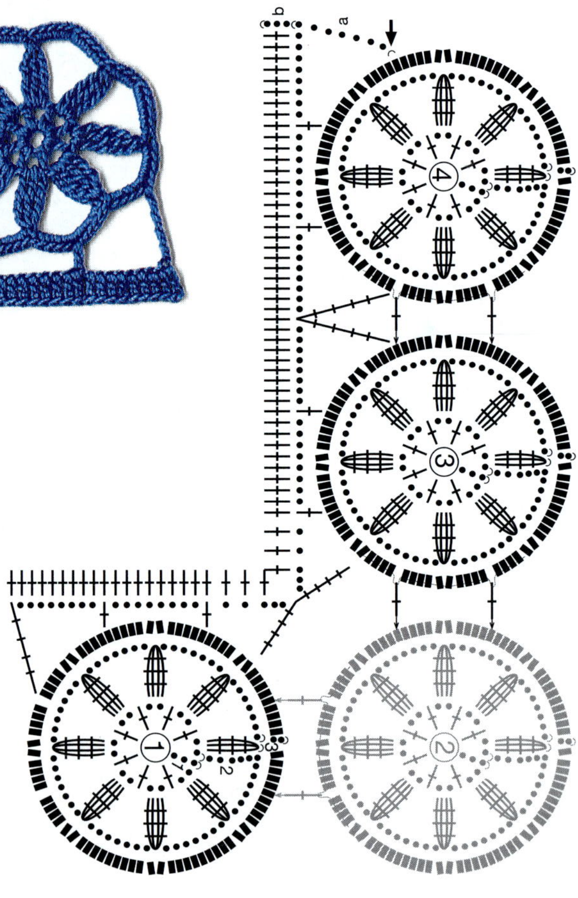

MUSTER 42

Ausführung:

Umrandung: 15 Lm. anschlagen, die 1. Stb.-Gruppe in die 4. Lm. ab Nadel häkeln. In der 3. R. die f.M. mit Pfeil um die Lm.-Ketten häkeln. Dann den Würfel aus f.M. arbeiten, dabei ab der 2. R. die f.M. in das hintere (= halbe) Abmaschglied der Vor-R. häkeln. Ab dem 2. Würfel die f.M. mit Pfeil in die f.M. des zuvor gehäkelten Würfels arbeiten, dabei die Lm.-Ketten umfassen. Nach der 21. R. für die Ecke die 23.–41. R. arbeiten, dabei nach der 27. R. anketten und den Faden abschneiden (siehe *). An der anderen Würfelecke (siehe Pfeil) neu anketten und der dünnen Linie folgend weiterarbeiten. Am Ende der 29. + 33. R. jeweils 15 Lm. häkeln und diese in der 35. R. mit der f.M. mit Pfeil umfassen. Nach der 41. R. die 2.–21. R. beliebig oft wdh., danach die nächste Ecke anfügen. An der letzten (= angefangenen) Seite die Mustersätze entsprechend ergänzen.

Spitze: Siehe auch »Umrandung«; nach der 21. R. die 2.–21. R. wdh.

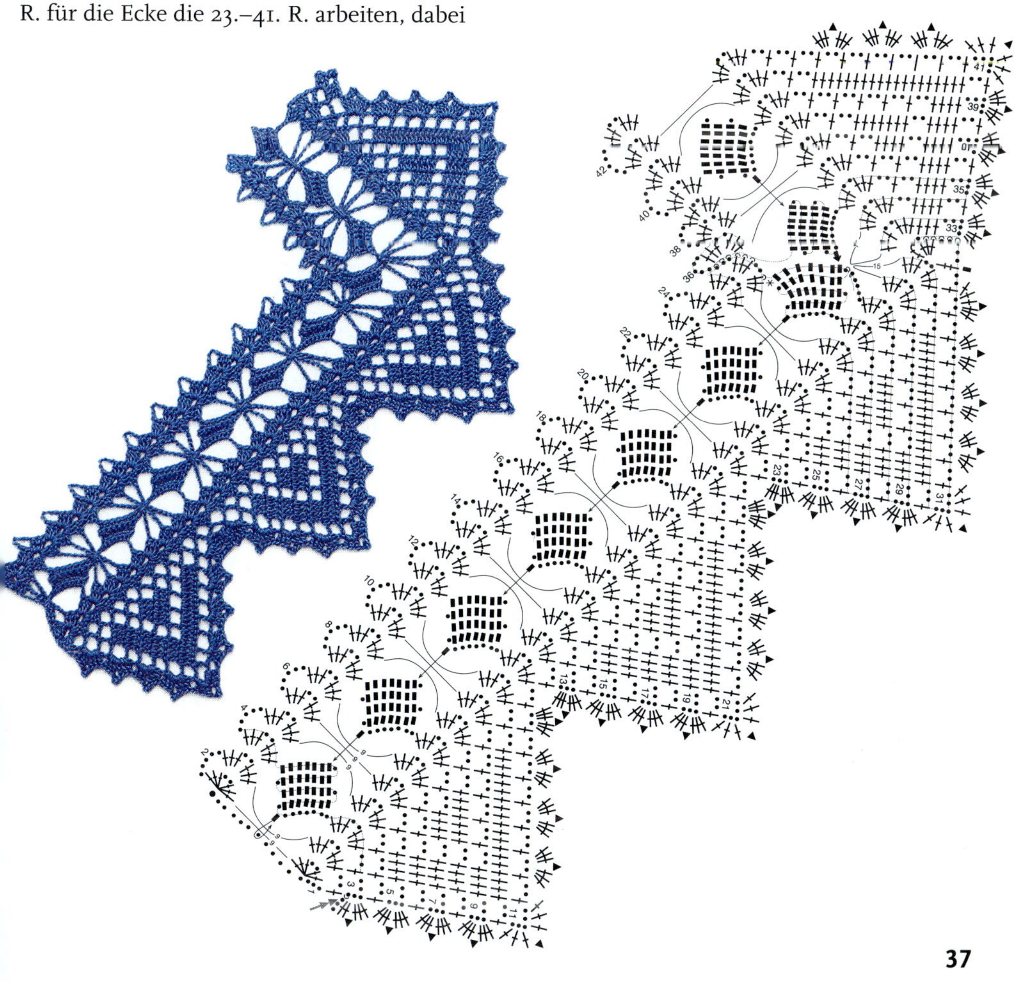

Lehrgang Filethäkelei

Die Filethäkelei basiert auf einem einfachen Gittermuster, das aus Stb. und Lm. (siehe S. 6) besteht. Motive aller Art, wie Blumen, Tiere oder geometrische Muster, lassen sich in Filethäkelei darstellen. Die Muster entstehen dadurch, dass innerhalb des Filetgitters bestimmte Karos mit Stb. ausgefüllt werden.

Für die Filethäkelei wird vorwiegend fest gedrehtes, merzerisiertes Baumwollgarn verwendet. Das Häkchen der Nadel muss gut durch die Fadenschlinge zu führen sein, gleichzeitig sollte die Häkelei relativ fest ausgeführt werden, damit das Muster gut zur Geltung kommt.

MOTIV A

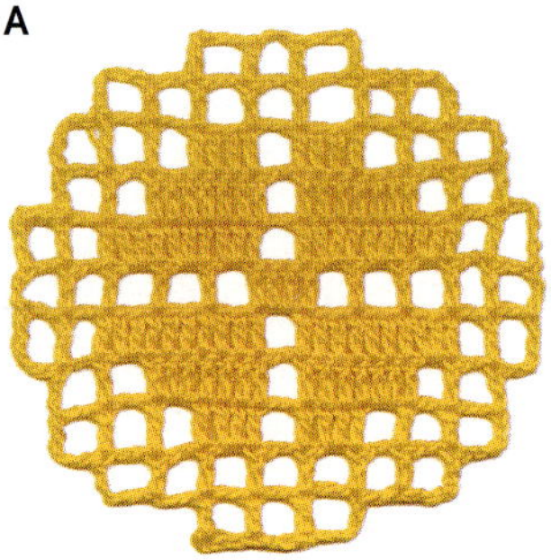

ZÄHLMUSTER

Zählmuster (Zm.) werden auf Karopapier dargestellt und zeigen an, welche Karos (K.) leer bleiben (= Filetgitter) und welche gefüllt werden (= Muster). Bei den Zm. in diesem Buch sind die K., die das Muster bilden und mit Stb. gefüllt werden, grau getönt. Nachfolgend werden Zm. und Hs. anhand von 2 einfachen Motiven gegenübergestellt. Die Hs. gibt das Muster M. für M. wieder, während das Zm. das Muster schematisch darstellt. Besonders bei größeren Motiven ist ein Zm. wesentlich übersichtlicher.

LUFTMASCHENANSCHLAG

Der Lm.-Anschlag errechnet sich wie folgt: Anzahl der K. in der 1. Zm.-R. mal 3, plus 1 Lm. extra für die K.-Begrenzung. Beginnt das Zm. mit einem leeren K. (siehe Motiv A), werden 5 Lm. für das 1. leere K. dazugezählt. Wenn das Zm. mit einem gefüllten K. beginnt (siehe Motiv B), 3 Lm. für das Rand-Stb. hinzurechnen.

Folglich müssen für Motiv A 15 Lm., für Motiv B 13 Lm. angeschlagen werden.

Zm. A

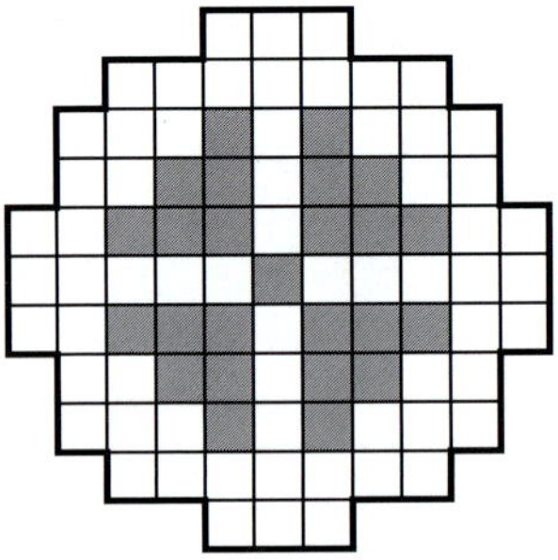

Hs. A

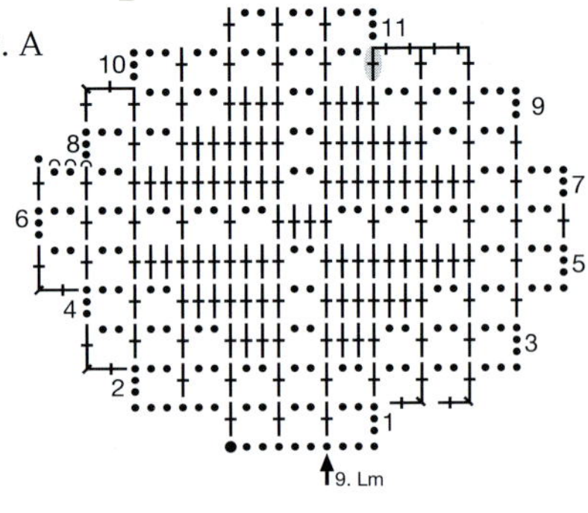

MOTIV B

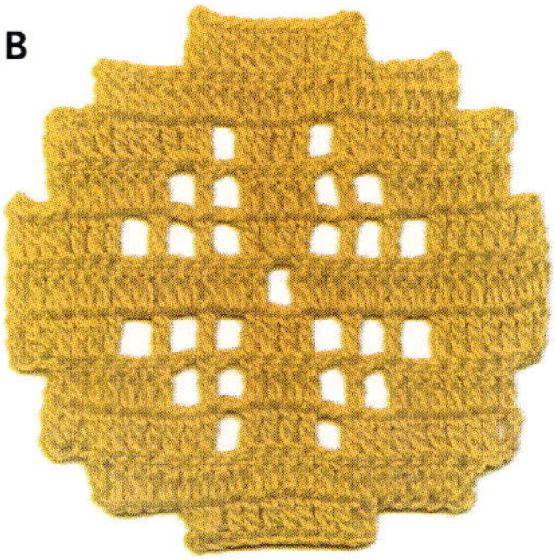

Zm. B

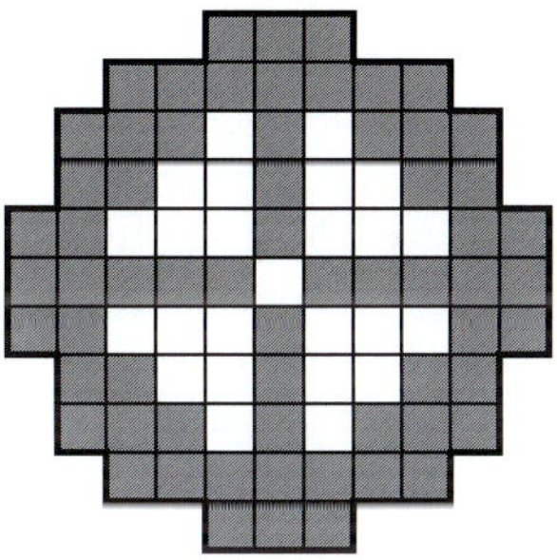

Hs. B

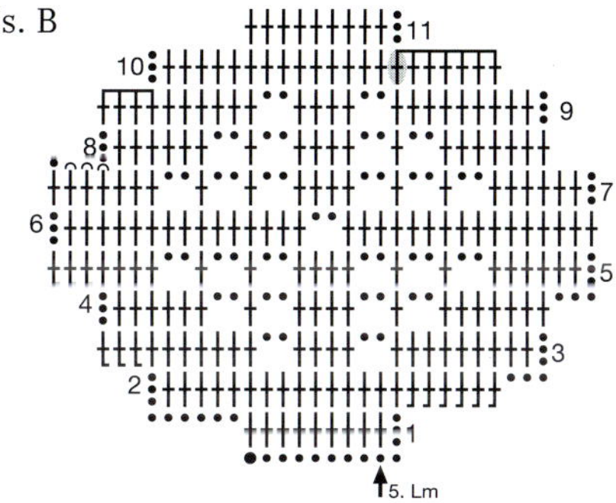

ARBEITSWEISE

Für jede senkrechte Linie des Zählmusters häkeln Sie 1 Stb.. Dazwischen werden bei leeren K. 2 Lm., bei gefüllten K. 2 Stb. gearbeitet, d. h. für das Filetgitter häkeln Sie abwechselnd 2 Lm. und 1 Stb., für das Muster häkeln Sie die Stb. entweder um die Lm. der Vor-R. oder in die Stb. der Vor-R. Wird ein einzelnes leeres K. durch 2 Stb. geschlossen, entsteht ein gefülltes K. aus 4 Stb., 2 gefüllte K. bestehen aus 7 Stb., 3 gefüllte K. aus 10 Stb. usw.

Am Anfang der R. wird das Rand-Stb. immer durch 3 Lm. ersetzt, am Ende der R. wird das letzte Stb. in die obere Ersatz-Lm. der Vor-R. gearbeitet.

Beginnt das Zm. mit einem leeren K. (siehe Motiv A), wird das 1. Stb. in die 9. Lm. ab Nadel gehäkelt. Wenn das Zm. mit einem gefüllten K. beginnt (siehe Motiv B), wird das 1. Stb. in die 5. Lm. ab Nadel gearbeitet.

MASCHENPROBE

Vor dem Nacharbeiten eines Modells sollten Sie eine M.-Probe erstellen. Sie sollte so groß sein, dass Sie einen 6 cm langen und 6 cm breiten Ausschnitt auszählen können, dabei die Rand-K. auslassen. Häkeln Sie ein einfaches Muster aus leeren und gefüllten K. Spannen Sie dann die M.-Probe (siehe S. 14) und zählen Sie K. und R. aus. Vergleichen Sie Ihre Angaben mit den Angaben in der Tabelle auf S. 40.

Enthält Ihre M.-Probe mehr K. bzw. R. als angegeben, häkeln Sie fest und sollten eine dickere Häkelnadel verwenden.

Hat Ihre M.-Probe weniger K. bzw. R., häkeln Sie locker; in diesem Fall wäre eine dünnere Häkelnadel zu empfehlen.

Garnstärke	Anzahl der K. in 6 cm Breite und 6 cm Höhe
5	8 K., 8 R.
10	9 K., 9 R.
15	10 K., 10 R.
20	11 K., 11 R.

Die Tabelle zeigt ausschließlich quadratische M.-Proben, d. h. es sind in der Breite ebenso viele K. vorhanden wie in der Höhe. Hat Ihre Maschenprobe mehr R. als K., müssen die Stb. verlängert werden, damit die Muster nicht verzerrt erscheinen. Hierzu werden anstelle normaler Stb. Stb. mit Fußschlinge gehäkelt (siehe »Zunahmen von gefüllten Karos«).

ZU- UND ABNAHMEN

Um bestimmte Formen zu häkeln, müssen Zu- und Abnahmen gearbeitet werden.

Hs. A (siehe S. 38) zeigt Zu- und Abnahmen bei leeren K., in Hs. B (siehe S. 39) sind Zu- und Abnahmen bei gefüllten K. dargestellt.

ZUNAHMEN VON LEEREN KAROS

R.-Anfang: Für jedes K., das zugenommen werden soll, 3 Lm. anschlagen, zusätzlich 5 Lm. für das 1. K. am R.-Anfang. Das 1. Stb. in die 9. Lm. ab Nadel häkeln (siehe Anfang 2., 3., 5. R., Hs. A).

R.-Ende: Für jedes K. 2 Lm. + 1 dreif.Stb. häkeln. Für das 1. K. das dreif.Stb. in die Einstichstelle des zuletzt gehäkelten Stb. arbeiten, danach die dreif.Stb. jeweils in das 2. Abmaschglied des zuvor gehäkelten dreif.Stb. häkeln (siehe Ende 2., 3., 5. R.).

ABNAHMEN VON LEEREN KAROS

R.-Anfang: 1 Lm. arbeiten, dann die K., die abgenommen werden sollen, mit Km. überhäkeln (siehe Anfang 8. R., Hs. A).

R.-Ende: Die K., die abgenommen werden sollen, unbehäkelt lassen (siehe Ende 8. R.). Das Überhäkeln mit Km. ergibt Verdickungen, die sich vermeiden lassen, wenn verkürzte R. gearbeitet werden.

Soll am Anfang der R. 1 K. abgenommen werden (siehe 10. R.), werden bereits am Ende der Vor-Reihe (siehe 9. R.) 1 Stb. + 1 dreif.Stb. zus. abgem., d. h. vom Stb. 1-mal 2 Schl. abm. und vom dreif.Stb. 3-mal 2 Schl. abm. Es liegen noch 3 Schlingen auf der Nadel, diese mit 1 U. zus. abm. Dann die folgende R. mit 3 Ersatz-Lm. beginnen.

Sollen am Anfang der R. 2 K. abgenommen werden (siehe 11. R.), werden am Ende der Vor-R. (siehe 10. R.) die letzten beiden K. wie folgt gearbeitet: Von dem Stb., über dem die nächste R. beginnen soll (in der Hs. grau

unterlegt), nur 1-mal 2 Schl. abm.; danach für das 1. dreif.Stb. 3 U. auf die Nadel nehmen, einstechen, Schl. durchholen und 1-mal 2 Schl. abm. Für das 2. dreif.Stb. wieder 3 U. auf die Nadel nehmen, einstechen, Schl. durchholen; nun liegen 9 Schl. auf der Nadel. Dann 6-mal mit je 1 U. jeweils 2 Schl. abm., danach die restlichen 3 Schl. zus. abm. Die folgende R. mit 3 Ersatz-Lm. beginnen.

ZUNAHMEN VON GEFÜLLTEN KAROS

R.-Anfang: Für jedes K., das zugenommen werden soll, 3 Lm. anschlagen, zusätzlich 3 Lm. für das Rand-Stb. Das 1. Stb. in die 5. Lm. ab Nadel häkeln (siehe Anfang 2., 3., 5. R., Hs. B).
R.-Ende: Für jedes K. 3 Stb. mit Fußschlinge anhäkeln, d. h. 1 U. auf die Nadel nehmen, einstechen, 1 Schl. durchholen und mit 1 U. abm.; diese Schl. wird als Fußschlinge bezeichnet. Danach wie beim normalen Stb. mit je 1 U. 2-mal 2 Schl. abm. Das 1. Stb. mit Fußschlinge in die Einstichstelle des zuletzt gehäkelten Stb. arbeiten, alle weiteren Stb. mit Fußschlinge in die Fußschlinge des zuvor gehäkelten Stb. arbeiten (siehe Ende 2., 3., 5. R.).

ABNAHMEN VON GEFÜLLTEN KAROS

R.-Anfang: 1 Lm. arbeiten, dann die K., die abgenommen werden sollen, mit Km. überhäkeln (siehe Anfang 8. R., Hs. B).
R.-Ende: Die K., die abgenommen werden sollen, unbehäkelt lassen (siehe Ende 8. R.). Das Überhäkeln mit Km. ergibt Verdickungen, die sich vermeiden lassen, wenn verkürzte R. gearbeitet werden.

Soll am Anfang der R. 1 K. abgenommen werden (siehe 10. R.), werden in der Vor-R. bei den letzten 4 Stb. jeweils nur 1-mal 2 Schl. abgem. Es liegen 5 Schl. auf der Nadel. Dann mit 1 U. zunächst nur 1 Schl. abm., danach 2-mal 2 Schl. abm. Zuletzt die restlichen 3 Schl. mit 1 U. zus. abm. Die folgende R. mit 3 Ersatz-Lm. beginnen.

Sollen am Anfang der R. 2 K. abgenommen werden (siehe 11. R.), werden bei dem Stb., über dem die nächste R. beginnen soll (in der Hs. grau unterlegt), nur 1-mal 2 Schl. abgem. Bei den folgenden 6 Stb. ebenfalls jeweils nur 1-mal 2 Schl. abm. Es liegen 8 Schl. auf der Nadel. Dann mit 1 U. zunächst nur 1 Schl. abm., danach 5-mal je 2 Schl. abm., zuletzt die restlichen 3 Schl. mit 1 U. zus. abm. Die folgende R. mit 3 Ersatz-Lm. beginnen.

Das Abnehmen mit verkürzten Reihen erfordert etwas Erfahrung. Für ein schönes Maschenbild ist es wichtig, dass Maschen und Umschläge fest gearbeitet werden. Probieren Sie einfach aus, mit welcher Abnahmemethode Sie besser zurecht kommen.

Filetbordüren

Einen ausfürlichen Lehrgang zur Filethäkelei finden Sie auf S. 38–41; gearbeitet wird lt. Zm. Der Mustersatz der Bordüren wird so oft wiederholt, bis die gewünschte Länge erreicht ist.

TIPP: Bordüren können gut als Abschluss für Gardinen, Tischläufer und Tischsets sowie als Tischbänder verwendet werden; letztere sind besonders hübsch, wenn sie farblich zu Ihrem Kaffeeservice passen und mit einer kleinen Kante aus f.M. und Picots (= 3 Lm. + 1 f.M. in die 1. der 3 Lm.) umhäkelt werden.

Die Filetbordüren wurden mit Baumwollhäkelgarn Aida 10 in Gelb 293 von Coats gehäkelt.

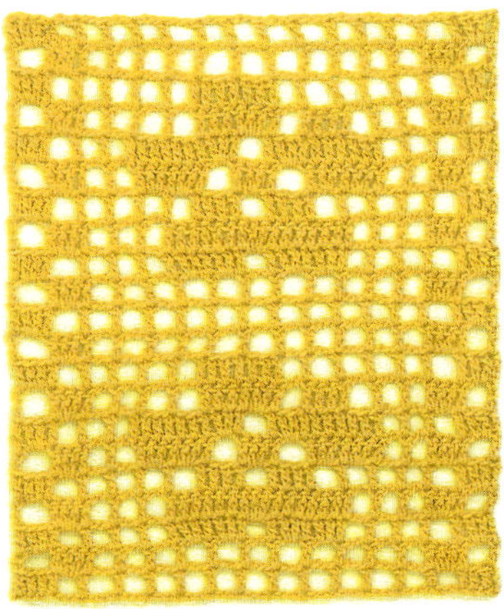

MUSTER 43, Blütenbordüre

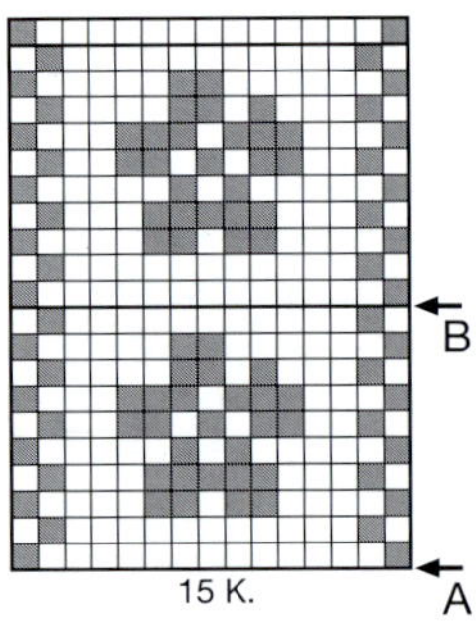

Ausführung: Für 15 K. 46 Lm. + 3 Lm. für das Rand-Stb. anschlagen. Bei Pfeil A beginnen, das 1. Stb. in die 5. Lm. ab Nadel häkeln. Den Mustersatz zwischen den Pfeilen A + B wdh., zuletzt die obere R. anfügen.

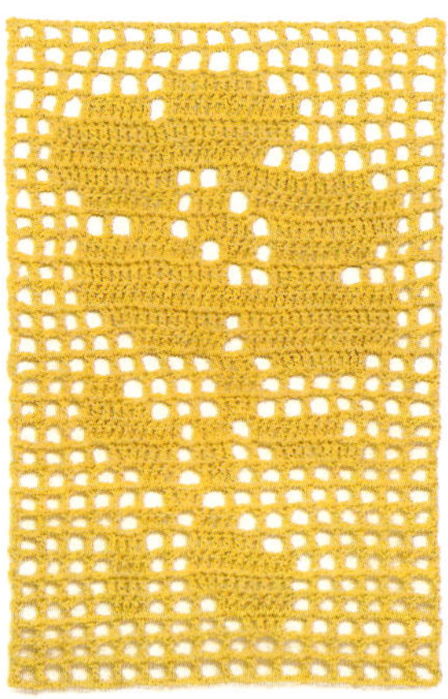

MUSTER 44, Rosenbordüre

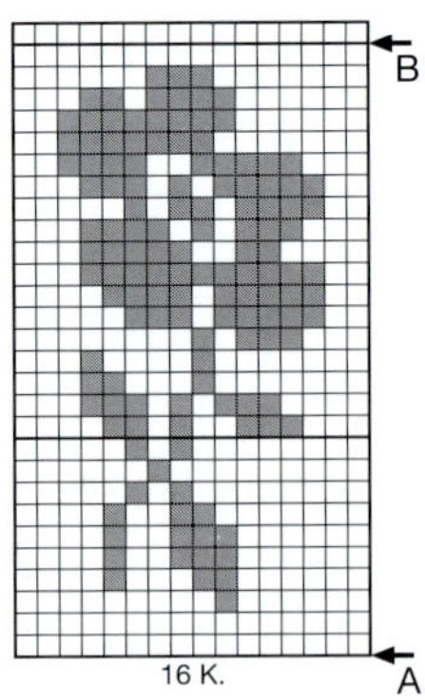

Ausführung: Für 16 K. 49 Lm. + 5 Lm. für das 1. leere K. anschlagen. Bei Pfeil A beginnen, das 1. Stb. in die 9. Lm. ab Nadel häkeln. Den Mustersatz zwischen den Pfeilen A + B beliebig oft wdh., dann die obere R. als Abschluss-R. anfügen.

MUSTER 45, Herzbordüre

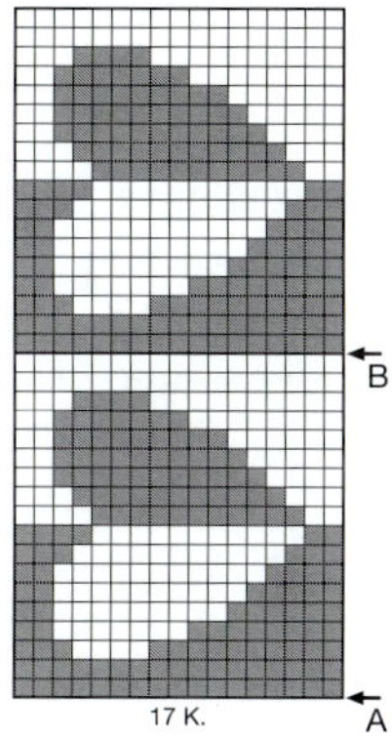

Ausführung: Für 17 K. 52 Lm. + 3 Lm. für das Rand-Stb. anschlagen. Bei Pfeil A beginnen, das 1. Stb. in die 5. Lm. ab Nadel häkeln. Den Mustersatz zwischen den Pfeilen A + B beliebig oft wdh.

MUSTER 46, grafische Bordüre

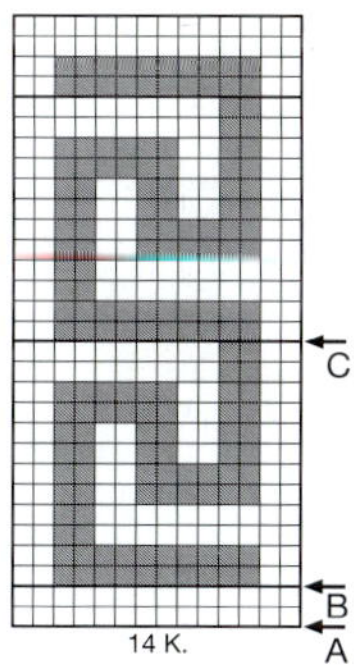

Ausführung: Für 14 K. 43 Lm. + 5 Lm. für das 1. leere K. anschlagen. Bei Pfeil A beginnen, das 1. Stb. in die 9. Lm. ab Nadel häkeln. Nach den Anfangs-R. zwischen den Pfeilen A + B den Mustersatz zwischen den Pfeilen B + C beliebig oft wdh. Die oberen 4 R. als Abschluss-R. anfügen.

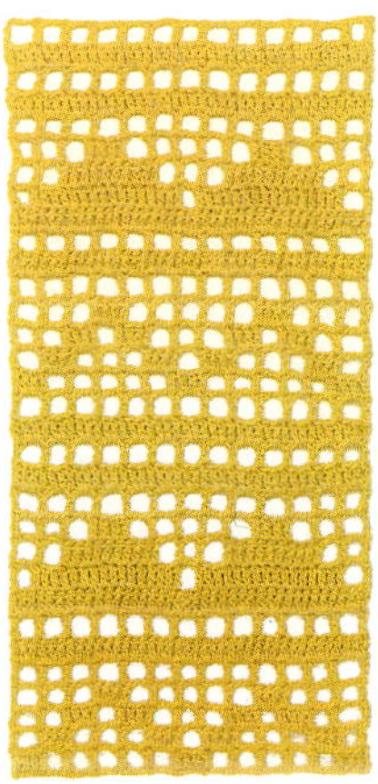

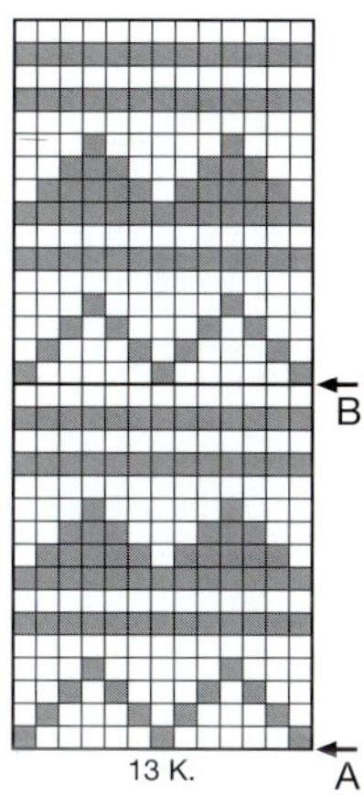

MUSTER 47, Zackenbordüre

Ausführung: Für 13 K. 40 Lm. + 3 Lm. für das Rand-Stb. anschlagen. Bei Pfeil A beginnen, das 1. Stb. in die 5. Lm. ab Nadel häkeln. Den Mustersatz zwischen den Pfeilen A + B beliebig oft wdh.

Filetspitzen

Alle hier gezeigten Spitzen werden quer gehäkelt, sodass Sie immer nur kurze Reihen arbeiten und die gewünschte Länge noch während des Häkelns festlegen können. Einen ausfürlichen Lehrgang zur Filethäkelei finden Sie auf den S. 38–41; gearbeitet wird lt. Hs. (siehe S. 11 ff.) bzw. Zm.

In den Anleitungen wird unter dem Begriff »Umrandung« das Spitzenmuster mit Ecken beschrieben, das Sie für Tischdecken und Deckchen benötigen, unter »Spitze« die Version ohne Ecken.

TIPP: Die Spitzen eignen sich als Abschluss für Gardinen, Tischläufer und Tischsets, aber auch als Umrandung für Tischdecken.

Die Filetspitzen wurden mit Baumwollhäkelgarn Aida 10 in Gelb 293 von Coats gehäkelt.

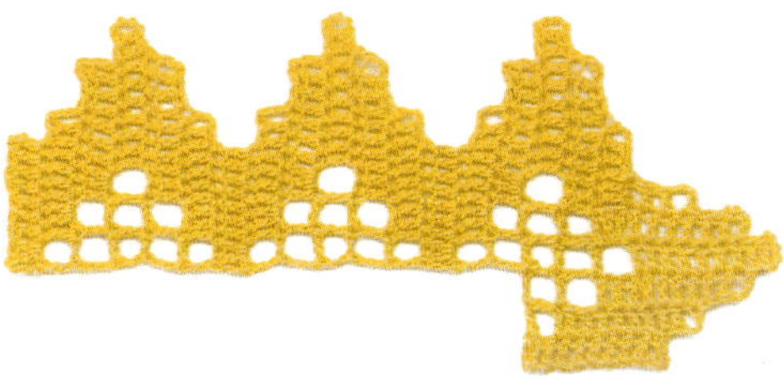

MUSTER 48, Zackenspitze

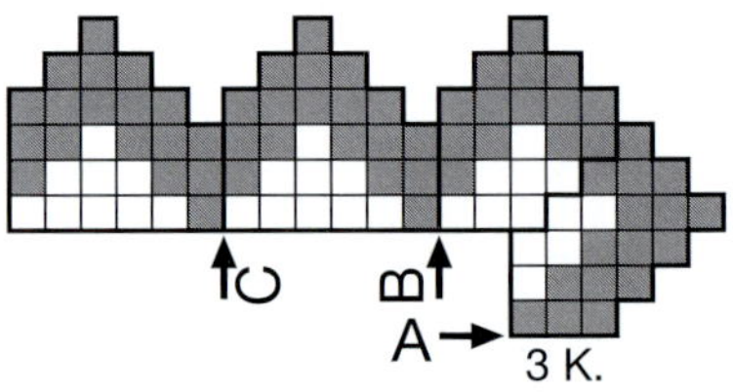

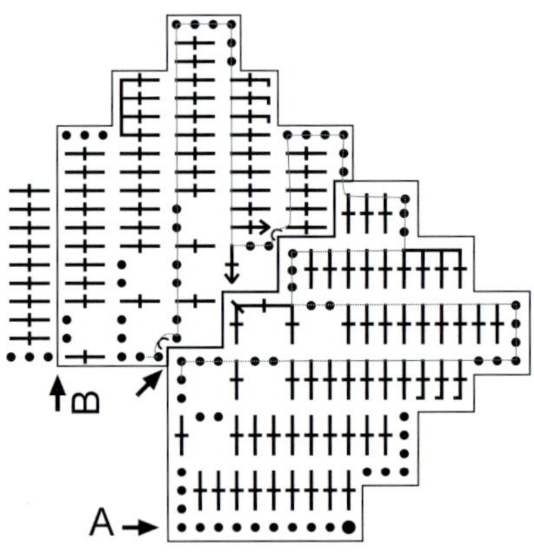

Ausführung:

Umrandung: Für 3 K. 10 Lm. + 3 Lm. für das Rand-Stb. anschlagen. Lt. Hs. zunächst die Ecke zwischen den Pfeilen A + B arbeiten. Nach der 3. R. an der Innenecke beginnend (siehe Pfeil) der dick gezeichneten Zickzacklinie folgend verkürzte R. häkeln, danach die R. wieder »auffüllen« und die Ecke bis Pfeil B ergänzen. Dann lt. Zm. den Mustersatz zwischen den Pfeilen B + C beliebig oft wdh. Die nächste Ecke anfügen.

Spitze: Lt. Zm. arbeiten, bei Pfeil B beginnen. Lm.-Anschlag siehe »Umrandung«; in der 1. R. das 1. Stb. in die 5. Lm. ab Nadel häkeln. Den Mustersatz zwischen den Pfeilen B + C bis zur gewünschten Länge wdh., zuletzt die 1. R. vom Mustersatz anfügen, damit die Spitze gegengleich endet.

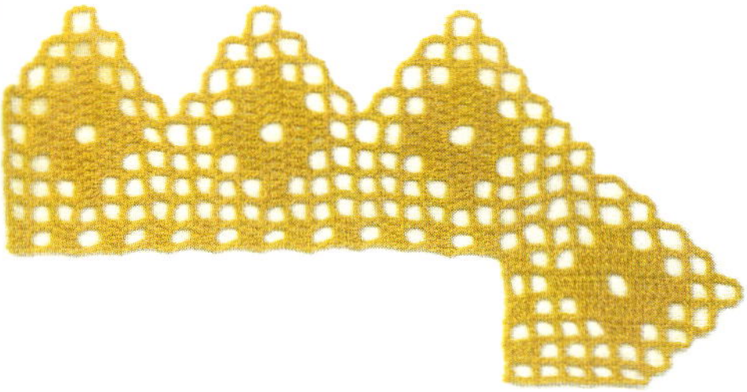

MUSTER 49, Rautenspitze

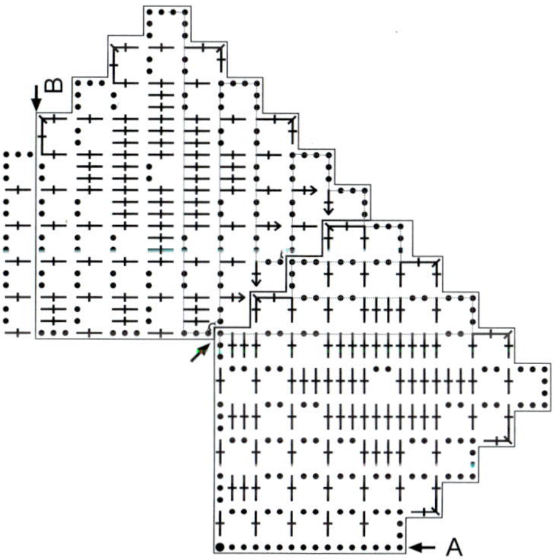

Ausführung:

Umrandung: Für 5 K. 16 Lm. + 5 Lm. für das 1. leere K. anschlagen. Lt. Hs. zunächst die Ecke zwischen den Pfeilen A + B arbeiten. Nach der 6. R. an der Innenecke beginnend (siehe Pfeil) der dick gezeichneten Zickzacklinie folgend verkürzte R. arbeiten, danach die R. wieder »auffüllen« und die Ecke bis Pfeil B ergänzen. Dann lt. Zm. den Mustersatz zwischen den Pfeilen B + C beliebig oft wdh. Die nächste Ecke anfügen.

Spitze: Lt. Zm. arbeiten, bei Pfeil B beginnen. Lm.-Anschlag siehe »Umrandung«; in der 1. R. das 1. Stb. in die 9. Lm. ab Nadel häkeln. Den Mustersatz zwischen den Pfeilen B + C bis zur gewünschten Länge wdh., zuletzt die 1. R. vom Mustersatz anfügen, damit die Spitze gegengleich endet.

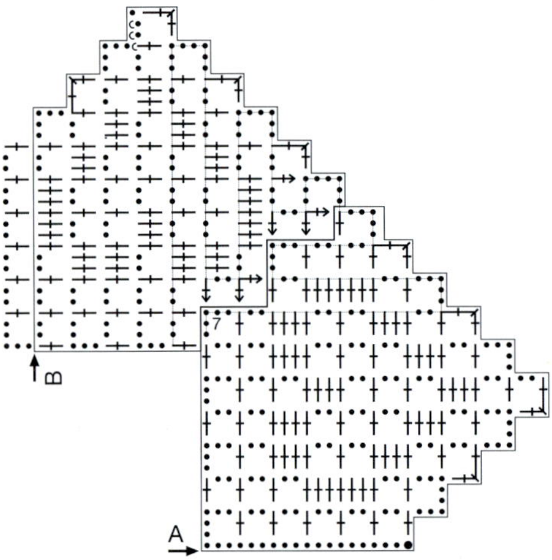

MUSTER 50, Herzspitze

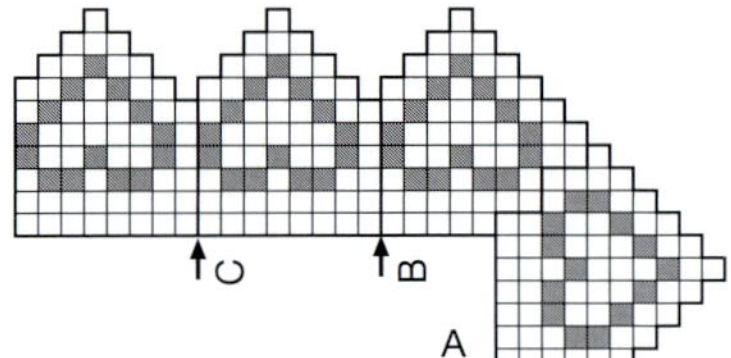

Ausführung:

Umrandung: Für 6 K. 19 Lm. + 5 Lm. für das 1. leere K. anschlagen. Lt. Hs. zuerst die Ecke zwischen den Pfeilen A + B arbeiten. Nach der 7. R. der dick gezeichneten Zickzacklinie folgend verkürzte R. arbeiten, danach die R. wieder »auffüllen« und die Ecke bis Pfeil B ergänzen. Dann lt. Zm. den Mustersatz zwischen den Pfeilen B + C beliebig oft wdh. Die nächste Ecke anfügen.

Spitze: Lt. Zm. arbeiten, bei Pfeil B beginnen. Lm.-Anschlag siehe »Umrandung«; in der 1. R. das 1. Stb. in die 9. Lm. ab Nadel häkeln. Den Mustersatz zwischen den Pfeilen B + C bis zur gewünschten Länge wdh., zuletzt die 1. R. vom Mustersatz anfügen, damit die Spitze gegengleich endet.

MUSTER 51, Blätterspitze

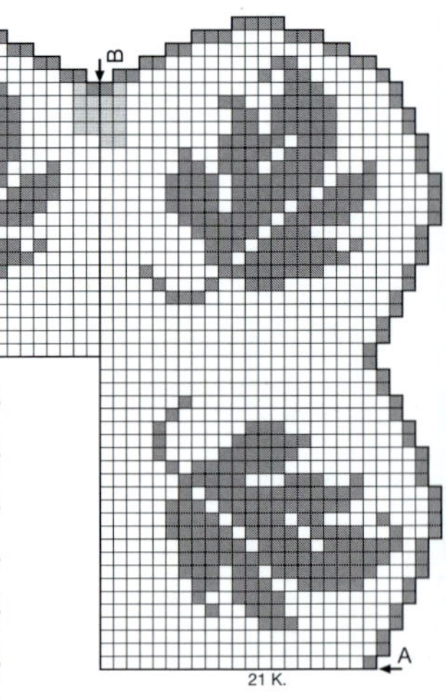

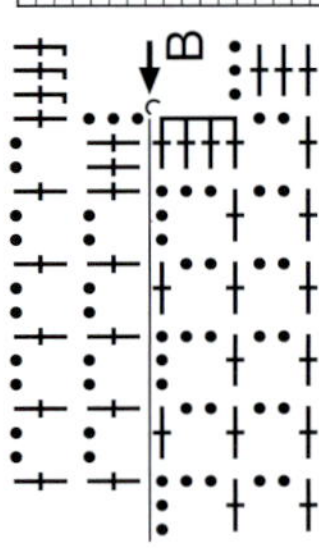

Ausführung:
Umrandung: Für 21 K. 64 Lm. + 3 Lm. für das Rand-Stb. anschlagen; das 1. Stb. in die 5. Lm. ab Nadel häkeln. Lt. Zm. am Außenrand zu- bzw. abnehmen, am Innenrand der dick gezeichneten Linie folgend gerade hoch arbeiten. Nach der letzten R. den Faden abschneiden, bei Pfeil B neu anketten und für die folgende Seite die 1. R. lt. Hs. (diese entspricht der hellgrau getönten Fläche im Zm.) auf den geraden Rand häkeln. Lt. Zm. den Mustersatz zwischen den Pfeilen B + C beliebig oft wdh. Die nächste Ecke anfügen.
Spitze: Lt. Zm. arbeiten, bei Pfeil B beginnen. Lm.-Anschlag siehe »Umrandung«. Den Mustersatz zwischen den Pfeilen B + C bis zur gewünschten Länge wdh.

MUSTER 52, Schmetterlingsspitze

Ausführung:
Umrandung: Für 19 K. 58 Lm. + 5 Lm. für das 1. leere K. anschlagen; das 1. Stb. in die 9. Lm. ab Nadel häkeln. Lt. Zm. am Außenrand zu- bzw. abnehmen, am Innenrand der dick gezeichneten Linie folgend gerade hoch arbeiten. Nach der letzten R. den Faden abschneiden, bei Pfeil B neu anketten und für die folgende Seite die 1. R. lt. Hs. (diese entspricht der hellgrau getönten Fläche im Zm.) auf den geraden Rand häkeln. Lt. Zm. den Mustersatz zwischen den Pfeilen B + C beliebig oft wdh. Die nächste Ecke anfügen.
Spitze: Lt. Zm. arbeiten, bei Pfeil B beginnen. Lm.-Anschlag siehe »Umrandung«. Den Mustersatz zwischen den Pfeilen B + C bis zur gewünschten Länge wdh.

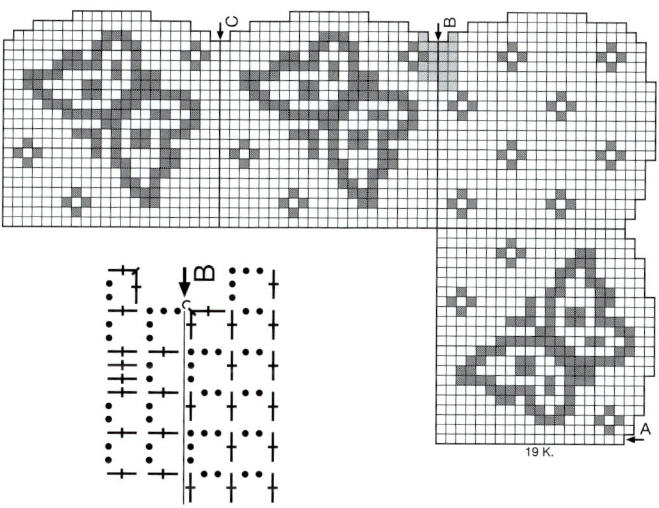

Die Deutsche Bibliothek – CIP-Einheitsaufnahme
Ein Titeldatensatz für diese Publikation ist bei Der Deutschen Bibliothek erhältlich.
ISBN 3-332-01331-9

www.dornier-verlage.de
www.urania-ravensburger.de
1. Auflage Dezember 2001

Der Urania Verlag ist ein Unternehmen der Verlagsgruppe Dornier.

Umschlaggestaltung: Behrend & Buchholz, Hamburg
Fotos: Martina Lammel
Lektorat: Berliner Buchwerkstatt, Ivana Jokl/Vera Olbricht
Gestaltung und Layout: Berliner Buchwerkstatt, Ulrike Sindlinger/Britta Dieterle
Druck: Messedruck Leipzig GmbH
Printed in Germany

Gedruckt auf alterungsbeständigem Papier mit chlorfrei gebleichtem Zellstoff.

Die Schreibweise entspricht den Regeln der neuen Rechtschreibung.